El Noviazgo Que agrada a Dios

Principios y leyes para un futuro matrimonio exitoso

Jorge y Lorena Gamboa

Free in Christ Ministries International
Ministerios Libres en Cristo

A menos que se indique lo contrario, todas las citas Bíblicas han sido tomadas de la Versión Reina Valera (VRV) de la *Santa Biblia*. Anotaciones bíblicas marcadas como (NVRV) han sido tomadas de : *La Nueva Versión Reina Valera*.

Diseño de la Cubierta y edición de texto:
FicmiProductions Media Center
Free in Christ Ministries Intl. Inc.
www.ficmiproductions.com

ISBN-13 9780982498163

Printed in the United States of America

Impreso en los Estados Unidos de América

*Dedicamos este libro
a todos aquellos jóvenes y adultos solteros
que están considerando llevar a cabo una relación
de noviazgo según los principios estipulados
por la palabra de Dios*

Índice

Introducción 9

1. El noviazgo en nuestra sociedad 11
Diferencias entre cita, noviazgo y compromiso
Razones por las cuales no es conveniente el flirteo
El enamoramiento
significado de la palabra amor
El significado hebreo
El significado griego
El noviazgo que agrada a Dios

2. El Compromiso 29
Fases del compromiso hasta el matrimonio
El ketubah
Un precio a pagar
La copa de la aceptación
Regalos
La ida del novio
Preparación de la novia
Viniendo por la novia
Consumación del matrimonio

3. Analogía en el Matrimonio 47
el matrimonio, el Mesías y Su iglesia
El contrato matrimonial
El precio
La copa
La purificación
El cuarto de bodas
La celebración de bodas
Infidelidad de la novia
Un nuevo pacto

4. Buscando tu pareja 57
En el principio
Ayuda idónea
Libertad de escogencia
La pareja bajo un mismo yugo
El yugo
¿A qué se refiere Pablo con yugo desigual?
Dos yugos distintos
El Buey y el Asno
La oveja y el cabrito

5. Las Citas 75
Un sistema inventado por el hombre
¿Cuál es el problema con las citas amorosas?
Consecuencias del sistema de citas

6. El Proceso del Cortejo según Dios 83
reciprocidad espiritual
afinidad de pensamiento
compromiso, carácter y temperamento
metas comunes

7. Consejos para los solteros 93
Sea feliz siendo soltero
Disfrute su soltería
Sea una persona sujeta
No se desespere
Controle sus pasiones
Sea amigo
Sea un cristiano comprometido
Prepare una dote

8. Preguntas y Respuestas 105

Bibliografía

Introducción

La palabra noviazgo, como tal, no aparece en la Biblia. La relación entre dos jovencitos se conocía como **compromiso o desposorio** (Mateo 1:18) y tenía implicaciones muy diferentes de las que se conocen actualmente. En la antigüedad eran los padres quienes escogían los esposos de sus hijas o arreglaban el matrimonio de sus hijos varones con doncellas de preferencia paterna. En el modelo bíblico los padres tomaban parte en los arreglos de boda y los hijos confiaban plenamente en el juicio paterno. En diferentes religiones y culturas, una esposa se obtenía: comprándola, raptándola o como premio al valor.

El matrimonio en la Biblia era precedido por un período de **compromiso** (Deuteronomio 20:7 Mateo 1:18) donde el muchacho o la jovencita se convertían en **desposados** (Mateo 25:1-10). La palabra griega que aparece en este pasaje y que se traduce como *novio* es **numfío** que significa: hombre joven casado o mujer joven casada (indistintamente), desposados, recién casados. Es la misma palabra usada en Apocalipsis 22:17 "**El Espíritu y la** <u>**esposa**</u> **dicen: Ven**".

A continuación desarrollaremos el tema del noviazgo en la sociedad y el noviazgo que agrada a Dios, basados en los consejos, mandatos y advertencias que encontramos en el manual por excelencia: la Biblia, la Palabra de Dios.

9

Capítulo Uno

El noviazgo
en nuestra sociedad

El noviazgo en nuestra sociedad
Diferencias entre cita, noviazgo y compromiso
Razones por las cuales no es conveniente el flirteo
El enamoramiento
significado de la palabra amor
El significado hebreo
El significado griego
El noviazgo que agrada a Dios

El Noviazgo en Nuestra Sociedad

El noviazgo es conocido como el período de *cortejo* entre dos personas que se atraen física y emocionalmente. Originalmente la palabra noviazgo implicaba: *compromiso para tomar en casamiento.* Sin embargo, hoy en día se ha malformado el concepto de esta relación, donde dos jóvenes simpatizan y desarrollan una amistad, se llaman **novios**, se besan, acarician y muchos llegan a las relaciones prematrimoniales. Luego, si la relación no les funciona, se separan y buscan otra pareja.

Este es el sistema del mundo pero lamentablemente ya se ha infiltrado dentro del pueblo de Dios. Este tipo de "noviazgo" no genera compromiso, ni emocional ni espiritual.

El peligro de esto es que se convierte en algo superficial pero que deja heridas profundas en las personas.

Muchos creen que el enamoramiento es la señal para saber que se ha encontrado a nuestra pareja.

Esto no es así. Si se basa el noviazgo solamente en el enamoramiento, de seguro fracasará.

Diferencias entre la cita, el Noviazgo y el Compromiso

El sistema de citas *(estar juntos socialmente en bases regulares)* consiste en ir a buscar compañía con el fin de socializar. Esta práctica de salir en citas fue inventado a principios de siglo pero antes de ese período el matrimonio siempre iba acompañado de la intervención de los padres y las "relaciones de ensayo" no existían. En general, el noviazgo acontecía sólo una vez y finalizaba con una relación larga de por vida: el matrimonio.

Durante una cita, la gente esconde su verdadera personalidad y todos sus defectos para dar una impresión falsa con respecto a ellos mismos.

El sistema de citas está hecho para auto satisfacer las necesidades de quien se involucra en dicho sistema.

Por otro lado, el cortejo o noviazgo permiten una exploración honesta de cada uno y de sus familias, con el fin de construir una relación duradera.

Es aquí donde se pesan todas las razones por las cuales la pareja podría o no casarse.

En este período no debería haber interacción romántica sino hasta después del compromiso, porque no es sino hasta después de casarse que uno se da realmente cuenta de que existen ciertas cosas sagradas en la relación de pareja, tales como: las relaciones íntimas, el tener hijos, la interrelación bajo un mismo techo.

Nos damos cuenta entonces, que no solo nuestro ser físico sino espiritual y emocional están ligados a nuestra pareja de por vida.

Este libro fue escrito con la intención de presentar consejos **de acuerdo con la Palabra de Dios** con respecto a la relación de noviazgo.

Si Usted no cree que la Biblia debe ser su manual práctico de interacción personal, entonces este libro no es para usted. Debe estar completamente seguro de que quiere hacer lo que Dios quiere y dejar de lado la presión social y aun sus propios esquemas mentales, con tal de agradar a Dios en todo.

Tarde o temprano las relaciones prematrimoniales durante las citas y el flirteo se convierten en un pasado demasiado pesado sobre nuestras espaldas, que influenciará de manera negativa cuando encontremos a la pareja con la que pasaremos el resto de nuestras vidas.

En los tiempos bíblicos los padres buscaban pareja para sus hijos y les tomaban su opinión en cuanto a dicha pareja, pero no arreglaban nada sin su consentimiento. Otras veces el joven hacía los arreglos directamente con el padre de la jovencita. Más adelante narraremos la forma de cómo se hacía en tiempos de Jesús.

◆ • ◆ • ◆ • ◆ • ◆ • ◆ • ◆ • ◆ • ◆ •

El encaprichamiento es cuando ella piensa que él es tan atractivo como Robert Redford, tan elegante como Henry Kissinger, tan noble como Ralph Nader, tan gracioso como Allen Arbolado, y tan atlético como Jimmy Conners. Pero el amor es cuando ella se da cuenta que él es tan atractivo como Allen Arbolado, tan elegante como Jimmy Connors, tan gracioso como Ralph Nader, tan atlético como Henry Kissinger y nada en común con Robert Redford - pero aun así lo aceptará . ~*Judith Viorst, Redbook, 1975*

Razones por las cuales
no es conveniente el sistema de citas o el flirtear

Primeramente, el sistema de noviazgo según el mundo conocido como "cita" es un juego riesgoso que conlleva a heridas profundas. A continuación señalaremos una serie de razones por las cuales debes de meditar con respecto al sistema de citas antes que sea muy tarde:

• Las citas promueven los deseos carnales y la actividad sexual moderada, abriendo una puerta para la fornicación.

• Las citas desarrollan un concepto egoísta del amor, orientado hacia las emociones.

• Las citas crean atadura entre dos personas que no van a pasar toda su vida juntos.

• Las citas y el flirteo te condicionan y preparan hacia el divorcio, no para el matrimonio, debido a las constantes rupturas de relaciones.

• Desarrolla un deseo por el cambio y la variedad, creando descontento dentro del matrimonio.

• El coqueteo conlleva a los matrimonios tardíos y a la posibilidad de caer en tentaciones asociadas con la soltería, tales como la fornicación y la masturbación.

• Un sistema de citas destruye el compañerismo y prepara a los cristianos a ser inefectivos en el trabajo del ministerio conjunto.

• El flirteo o enamoramiento no brinda protección ni física ni emocional porque no hay compromiso.

- El sistema de citas y el flirteo devalúan al sexo y el matrimonio porque puede terminar en intimidad pero no necesariamente en compromiso.
- En las citas generalmente se salta la etapa de la "amistad" y se corre hacia el enamoramiento.
- El sistema de citas confunde amor con pasión y deseo.
- Este sistema generalmente distrae a los adultos jóvenes de su responsabilidad primaria de prepararse para el futuro, y es cuando muchos ven truncadas sus carreras y ministerios.
- En la mayoría de los casos este tipo de relación produce un descontento interno con respecto al regalo de Dios de la "soltería".
- El sistema de citas vuelve a la gente vulnerable y en la mayoría de los casos incentiva una realidad falsa de su personalidad y manera de ser.
- Definitivamente el sistema de citas nos aleja de los propósitos y metas que Dios tiene para nosotros.
- El sistema de citas ha sido creado para experimentar, tanto con los sentimientos propios como con los de los otros, dándose la experimentación física...esto es fornicación.

Todas esas razones arriba mencionadas nos hacen reflexionar y buscar el modelo de Dios. Un modelo más seguro y confiable. Es importante también preparar a la juventud y enseñarles a protegerse de aquellas aves de rapiña que están listas para seducirles debido a su ingenuidad e indecisión.

Este sistema de citas es lo que el mundo llama RO-MANCE, pero está muy lejos de la verdadera realidad de Dios. Dios creó el ROMANCE *(proceso en el cual se crean vínculos)* pero con el fin de que la pareja estuviera unida emocional y físicamente.

Esta unión es la que se detalla en la Palabra de Dios cuando leemos: *"y serán una sola carne".*

El problema es que hoy en día el coqueteo y el enamoramiento alientan a los jóvenes a interactuar con diferentes compañeros y a experimentar el romance en variadas relaciones.

Pero cada vez que se termina una relación, hay un rompimiento que será definitivamente doloroso. Y aunque el tiempo enmendará ciertos recuerdos, durante el matrimonio serán una carga pesada que muchos lamentan haber traído.

Es importante conocer nuestros sentimientos y ponerlos en línea con el pensamiento de Dios. No todo lo que sentimos es verdadero amor. El verdadero amor lleva a la atracción física y al romance, pero la atracción física no siempre conlleva al amor verdadero, y no debe ser un termómetro para medir nuestro nivel de compromiso.

El enamoramiento

Existen diversos tipos de palabras y expresiones en el idioma original bíblico que describen diversos tipos de sentimientos.

Esto es importante para que el joven pueda distinguir sus emociones y sensaciones con el fin de equilibrarlos y desarrollar una relación de noviazgo productiva que agrade a Dios. El Antiguo Testamento fue escrito originalmente en hebreo y el Nuevo Testamento en griego. Basados en esto analizaremos los tipos de sentimientos que se describen a lo largo de toda la Biblia y sus resultados.

La Palabra AMOR y su significado :

El ser humano es complicado y subjetivo. Sus sentimientos y emociones suelen jugar trucos a sus decisiones. Muchas veces hemos tomado una decisión incorrecta basados en un sentimiento incorrecto. Por eso hemos visto necesario desglosar el verdadero significado de una palabra sencilla pero difícil a la vez.

En el español hay dos términos que describen este sentimiento: amar y querer. Ambos tienen significados distintos. Pero dentro de cada uno de ellos hay diferentes matices que son los que queremos analizar seguidamente, por eso vamos a estudiar la palabra AMOR en el contexto bíblico y no dentro del contexto del mundo.

La Biblia fue escrita en hebreo y griego, así que este estudio tratará con los diferentes términos que conforman la más rica y valiosa palabra que jamás ha existido: **AMOR.**

EN EL HEBREO

AHAB: אָהַב Es el amor humano por otro. Incluyendo la familia. Es el arte de ser amigos. Este tipo de amor es tener afecto y querer afectivamente. Puede tener un buen o mal sentido. Aparece 73 veces en la Biblia. Algunos ejemplos podemos encontrarlos en estos pasajes:

Génesis 29:20, Levítico 19:18, Deuteronomio 5:10, Deuteronomio 11:1, Josué 22:5, 2 Samuel 1:26, Salmos 5:11

AHABAH: אַהֲבָה Es el amor del ser humano por el objeto humano. El afecto y cariño de un hombre a una mujer, de un hombre a un hombre o hacia sí mismo. Es el amor de Dios hacia su pueblo. En muy pocas ocasiones se refiere a un deseo o motivo sexual, pero si puede estar implícito. Aparece 34 veces como verbo. Algunos ejemplos podemos encontrarlos en los siguientes pasajes:

2 Samuel 1:26, 2 Samuel 13:15, Salmos 109:4, Proverbios 27:5, Eclesiastés 9:1, Cantar de los cantares 8:6, Sofonías 3:17

CHASHAQ: חָשַׁק Raíz primitiva. Aparece como verbo o acción tres veces en la Palabra de Dios. Es querer de tal manera que se está atado o unido a la otra persona. En espera de alguien y de su amor correspondido. Es estar enamorado. Pero esta palabra es usada sólo dentro del contexto del matrimonio o con respecto a Dios. Significa tener el afecto, cariño y amor puesto en alguien. Podemos encontrar esta raíz en los siguientes pasajes: Salmo 91:14, Isaías 38:17, Deuteronomio 7:7-8

RACHAM: רָחַם Amar profundamente, con misericordia siendo compasivo y tierno. Tener afecto. Una sola vez aparece como verbo o acción con respecto al amor en el Salmo 18:1

AGABAH: De la raíz AGAB. עֲגָבָה Tener un deseo descontrolado. Lujuria. Es ser movido fuertemente por un amor pasional, desordenado y excesivo. Sólo aparece en estos versículos: Ezequiel 23:11 y Ezequiel 33:31 (otra forma del verbo)

EGEB: Amor sensual. Ezequiel 33:31

Los científicos han descubierto que el cerebro también responde al "amor romántico" porque está inundado con neuro-químicos llenos de sensación como la: dopamina y la fenetilamina. La fórmula del enamoramiento es: encaprichamiento (fenetilamina), + vínculo (oxitocina) + lujuria (testosterona)

EN EL GRIEGO

AGAPAO: ἀγαπάω El amor ágape aparece más de 147 veces en la Palabra de Dios, como verbo o acción y como sustantivo. Implica amar en sentido social y moral. Es tener afecto o benevolencia.

La disposición de hacer el bien en un acto de bondad. Tener caridad. Este es el tipo de amor del que habla 1 Corintios 13, Filemón 5 y Primera de Juan 4:7-13. Otros pasajes donde se encuentra: Mateo 5:43, Mateo 19:19, Mateo 22:37, Marcos 10:21, Lucas 6:27, Lucas 7:42, I Corintios 8:3, 2 Corintios 12:15, Gálatas 2:20.

ERAO: *El amor eros es el amor apasionado, desmedido y vivo. Es un deseo apasionado y sin control. Es el enamoramiento. NO aparece en la Biblia.*

El amor ágape NO es el amor romántico celebrado el día de los enamorados. Tampoco es un amor de novios. El amor ágape es el mismo tipo de amor de Dios para con la iglesia. Es el tipo de amor que ese espera de parte del marido hacia su esposa.

FILADELFIA: φιλαδελφία Es el amor fraternal. Amor como de hermanos y hermanas. En el Nuevo Testamento el amor que los cristianos se tienen los unos a los otros como hermanos en Cristo. Aparece en los siguientes pasajes: Romanos 12:10, I Tesalonicenses 4:9, I Pedro 1:22, 2 Pedro 1:7

FILANDROS: φίλανδρος Se nombra una sola vez, en Tito 2:4. Es el amor afectivo de la esposa hacia el marido con referencia al sexo también. Proviene de la raíz **FILOS** que denota ser amigable y desear bien al marido. Es un amor de amiga, asociada y compañera.

FILEO: φιλέω Se encuentra 10 veces en la Palabra de Dios. Se refiere a amar con un afecto amistoso. Querer como un amigo, con amor puro. Es atender, cuidar, asistir. También implica besar como muestra de afecto. Querer algo cuidadosamente. Es un amor impulsivo. Podemos encontrarlo en pasajes como: Tito 3:15, I Pedro 5:14, Mateo 6:5, Mateo 10:37, Mateo 23:6, Mateo 26:48, Juan 5:20, Juan 11:36, Apocalipsis 3:19.

El Señor Jesús le preguntó tres veces a Pedro si lo amaba. La primera y segunda vez le preguntó: Pedro, ¿me amas? (ágape) y el respondió: Señor tú sabes que te amo (fileo). A la tercera vez Jesús le preguntó ¿me amas? (fileo) y Pedro entristecido le contestó: Señor tú lo sabes todo y sabes que te amo (fileo).

FILOTEKNOS: φιλότεκνος Aparece una sola vez en el Nuevo testamento. En Tito 2:4. Es el amor maternal y paternal. El amor hacia los hijos. Es un tipo de amor amigable y que desea el bien para la otra persona, en este caso los niños. Es la confianza entre padres e hijos y el vínculo que se desarrolla entre ellos.

El enamoramiento: **Agabah y erao** (hebreo y griego respectivamente) se refieren a un tipo de amor apasionado, descontrolado y meramente carnal.

Es la mera atracción y amor emocional-carnal que sienten dos personas entre sí. Estos sentimientos son muy comunes entre los jóvenes y suelen confundirse con el amor verdadero ya que nos incita a **"hacer lo que sea"** por la otra persona. El enamoramiento en sí no permanece, es decir, no es para siempre. Puede transformarse en desilusión si no logramos lo que deseamos. En este caso a la persona que pretendemos.

Algunos creen que a mayor número de **"noviazgos"**, mayor probabilidades de éxito en el matrimonio. Esto es **falso.** Cada rompimiento en el noviazgo causa heridas irreparables en el alma. Además, el sentimiento de culpabilidad y el remordimiento pueden aflorar el día que realmente nos topemos con la persona que será nuestra pareja definitiva.

Cuando una pareja lo que siente es enamoramiento solamente, la relación se convierte en una obsesión e incluso un tormento. Se vuelve algo doloroso ante la imposibilidad de convivir (bajo un mismo techo) con la persona amada. Muchos jóvenes tienen una pareja y están enamorados pero, sin embargo, no pueden casarse todavía; ya sea por la edad o porque aun no terminan sus estudios o simplemente porque no están preparados económicamente para afrontar una boda.

Esto los coloca en una situación de estrés que la mayoría de las veces culmina con **relaciones prematrimoniales** y con **embarazos no deseados.**

Muchos también piensan que las **relaciones prematrimoniales** son beneficiosas para el futuro de nuestro matrimonio. Eso también es **falso.** 1 Corintios 6:12-13. Todas las parejas van desarrollando, dentro del matrimonio, su capacidad de entrega e intimidad con el pasar de los años y muchas de ellas aunque se casaron totalmente **enamorados** luego pueden presentar problemas en la intimidad, aunque cuando novios no los tuvieron.

Dice la Biblia que cuando una persona se **une** a otra íntimamente, se convierte en una sola carne con esa persona. Se vuelven uno. Entonces, cuando una relación de noviazgo se rompe, produce una herida en el alma debido a la pérdida del ser que se amaba, y también queda un sentimiento de culpa y vacío en aquellos que se entregaron físicamente. Recordemos que somos templo del Espíritu Santo. **II Corintios 6:16**

La palabra de Dios habla muy fuertemente en contra de la fornicación (relaciones sexuales fuera del matrimonio) y el adulterio (relaciones sexuales con una persona casada). Si tu deseo es agradar a Dios, debes regirte bajo sus leyes y preceptos.

Toda relación de noviazgo debe tener **compromiso.** De no ser así, las probabilidades de llegar a ser heridos son mayores.

El noviazgo que agrada a Dios

El sistema de citas o el salir con varias personas del sexo opuesto para probar y experimentar, no está en la Biblia.

Es un sistema creado por el hombre para satisfacer al hombre.

Es un sistema de romance temporal donde la persona no está en edad para casarse ni quiere casarse o tener compromiso. Este romance temporal tendrá un final tarde o temprano.

El noviazgo según Dios es el período donde una pareja en edad para casarse comparte una relación romántica, tienen la aprobación completa de sus padres y están contemplando seriamente el matrimonio como meta final.

Acá eliminamos las citas casuales y no autorizadas.

Hay que tener mucho cuidado en no escudarse en el noviazgo como una manera de cubrir el sistema de citas.

Una persona puede estar en una relación de "noviazgo" y de repente terminarla y continuar con otra y otra y otra.

Esto no es noviazgo sino un flirteo disfrazado.

El noviazgo todavía puede abrir una puerta a la decepción y desilusión.

Todavía es un romance experimental.

Aunque el noviazgo tiene la autorización de los padres, todavía abriga la posibilidad de una frustración potencial y un corazón herido.

El noviazgo es una alternativa al sistema de citas. Es mucho más gratificante en el área emocional y espiritual, pero NO aparece en la Biblia. Ni siquiera la idea de un período romántico de prueba.

El noviazgo que agrada a Dios es aquel que genera compromiso. Cuando un padre aprueba un noviazgo, inmediatamente está aprobando un matrimonio. De lo contrario solamente está dando permiso para un *sistema de citas autorizado,* dejando la puerta abierta para la decepción. Esto es duro de aceptar aun por los mismos padres.

Por esa razón si se quiere seguir la voluntad de Dios en todo esto, hay que estar dispuestos a renunciar a nuestras propias prácticas y esquemas mentales.

El compromiso (la manera de Dios) no da pie a la frustración ni a la desilusión. Sino más bien protege la relación y la guarda de heridas.

Hay un vínculo que nos compromete el uno con el otro. Una vez que una pareja estaba comprometida (bíblicamente hablando) no había marcha atrás.

Hoy en día aun una pareja comprometida puede anular su deseo de casarse en cualquier momento.

Un compromiso sin embargo, constituía un pacto que era irrevocable salvo en circunstancias específicas.

Nuestra sociedad dice: "Cásate con aquella persona que amas". Dios dice: "Ama, a aquella persona con quien te casas". Tu no escoges a la persona que amas; tu debes amar a la persona que escoges. Nuestras emociones no deben guiarnos. Sino el Espíritu de Dios.
- Jorge y Lorena Gamboa - "El Matrimonio segun Dios".

Capítulo Dos

El compromiso

El compromiso
Fases del compromiso hasta el matrimonio
El Ketubah
Un precio a pagar
La copa de la aceptación
Regalos
La ida del novio
Preparación de la novia
Viniendo por la novia
Consumación del matrimonio

El compromiso

El compromiso consistía en darse en casamiento. El varón tomaba a una doncella para casarse. Los derechos del desposado eran legalmente los mismos que los del casado, ya que según la ley un desposado había adquirido esposa legal.

"...El ángel Gabriel fue enviado a Nazareth a una virgen *desposada* con un varón llamado José..." *Lucas 1:26-27* El verbo griego que aparece en los manuscritos originales para *desposarse o comprometerse,* es **mnestéuo** μνηστεύω y significa: pretender, desear o buscar en matrimonio. Dar en casamiento. Estar separado para casarse. " ... María respondió: *cómo será esto, ya que no* **conozco** *varón?* " *Lucas 1:34*

> **conocer: guinósko**. γινώσκω *es un idiomismo que significa: conocer en trato íntimo o carnal. A los desposados se les consideraba marido y mujer, pero aún no vivían juntos.*

"...antes de *convivir juntos*, ella fue hallada encinta por el Espíritu Santo. Y José, su marido que era un hombre justo, no quería denunciarla públicamente sino que pensaba **dejarla*** secretamente." *Mateo 1:18*

> ****dejar: apo-liúo*** ἀπολύω *dentro del contexto es: separarse con carta de divorcio, divorciarse.*

José iba a hacer uso del derecho que le correspondía por ley. Según Deuteronomio 24:1 cuando un hombre encontraba que la esposa no era virgen, tenía un permiso de divorcio.

Como María estaba encinta, José inmediatamente dudó de su condición de virgen. Por eso más adelante un ángel se le aparece y le da confianza para tomar a María por mujer.

"... No temas recibir a María tu **mujer**...Y tomó a su **esposa** y no tuvo trato marital con ella (relaciones íntimas) hasta que dio a luz un niño y lo llamó Jesús."

Mateo 1:20,24

Mujer = esposa (ambas palabras tienen la raíz griega guinaika y en el texto se refiere a tomar como legítima esposa, y no como compañera sexual)

Fases del compromiso hasta el matrimonio en la Biblia

Existen tres fases del matrimonio judío: el compromiso, la boda y la celebración.

1- El compromiso

Cuando a un joven le gustaba una señorita, pedía su mano al padre de esta como señal de "contrato matrimonial". Muchas veces el padre escogía la novia de su hijo o se valía de los servicios de un "shadkhan", una persona de gran carácter e integridad que se encargaba de buscar la pareja idónea. Como lo hizo el siervo de Abraham en Génesis 24:1-67.

Historia de cómo a Isaac le buscaron esposa por medio de un shadkhan

"Y ABRAHAM era viejo, y bien entrado en días; y El Señor había bendecido a Abraham en todo. Y dijo Abraham ***a un criado suyo, el más viejo de su casa, que era el que gobernaba en todo lo que tenía:*** *Pon ahora tu mano debajo de mi muslo, Y te juramentaré por El Señor , Dios de los cielos y Dios de la tierra, que no has de tomar mujer para mi hijo de las hijas de los Cananeos, entre los cuales yo habito; Sino que irás a mi tierra y a mi parentela, y tomarás mujer para mi hijo Isaac.*

El Noviazgo que agrada a Dios

Y el criado le respondió: Quizá la mujer no querrá venir en pos de mí a esta tierra: ¿volveré, pues, tu hijo a la tierra de donde saliste? Y Abraham le dijo: Guárdate que no vuelvas a mi hijo allá. El Señor, Dios de los cielos, que me tomó de la casa de mi padre y de la tierra de mi parentela, y me habló y me juró, diciendo: A tu simiente daré esta tierra; **él enviará su ángel delante de ti, y tú tomarás de allá mujer para mi hijo. Y si la mujer no quisiere venir en pos de ti, serás libre de este mi juramento;** *solamente que no vuelvas allá a mi hijo. Entonces el criado puso su mano debajo del muslo de Abraham su señor, y juró sobre este negocio. Y el criado tomó diez camellos de los camellos de su señor, y fué, pues tenía a su disposición todos los bienes de su señor: y puesto en camino, llegó a Mesopotamia, a la ciudad de Nachôr. E hizo arrodillar los camellos fuera de la ciudad, junto a un pozo de agua, a la hora de la tarde, a la hora en que salen las mozas por agua.*

Y dijo: El Señor, Dios de mi señor Abraham, dame, te ruego, el tener hoy buen encuentro, y haz misericordia con mi señor Abraham. He aquí yo estoy junto a la fuente de agua, y las hijas de los varones de esta ciudad salen por agua: Sea, pues, que la moza a quien yo dijere: Baja tu cántaro, te ruego, para que yo beba; y ella respondiere: Bebe, y también daré de beber a tus camellos: que sea ésta la que tú has destinado para tu siervo Isaac; y en esto conoceré que habrás hecho misericordia con mi señor. Y aconteció que antes que él acabase de hablar, he aquí Rebeca, que había nacido a Bethuel, hijo de Milca, mujer de Nachôr hermano de Abraham, la cual salía con su cántaro sobre su hombro. Y la moza era de muy hermoso aspecto, virgen, a la que varón no había conocido; la cual descendió a la fuente, y llenó su cántaro, y se volvía.

Entonces el criado corrió hacia ella, y dijo: Te Ruego que me des a beber un poco de agua de tu cántaro. Y ella respondió: Bebe, señor mío: y se dio prisa a bajar su cántaro sobre su mano, y le dio a beber. Y cuando acabó de darle a beber, dijo: También para tus camellos sacaré agua, hasta que acaben de beber. Y se dio prisa, y vació su cántaro en la pila, y corrió otra vez al pozo para sacar agua, y sacó para todos sus camellos.

Y el hombre estaba maravillado de ella, callando, para saber si El Señor había prosperado o no su viaje. Y fue que como los camellos acabaron de beber, le presentó el hombre un pendiente de oro que pesaba medio siclo, y dos brazaletes que pesaban diez: Y dijo: ¿De quién eres hija? Te ruego me digas, ¿hay lugar en casa de tu padre donde posemos?

El compromiso

Y ella respondió: Soy hija de Bethuel, hijo de Milca, el cual parió ella a Nachôr. Y añadió: También hay en nuestra casa paja y mucho forraje, y lugar para posar. El hombre entonces se inclinó, y adoró al Señor . Y dijo: Bendito sea El Señor, Dios de mi amo Abraham, que no apartó su misericordia y su verdad de mi amo, guiándome El Señor en el camino a casa de los hermanos de mi amo. Y la moza corrió, é hizo saber en casa de su madre estas cosas.

Y Rebeca tenía un hermano que se llamaba Labán, el cual corrió afuera al hombre, a la fuente; Y fué que como vio el pendiente y los brazaletes en las manos de su hermana, que decía, Así me habló aquel hombre; vino a él: y he aquí que estaba junto a los camellos a la fuente. Y díjo: Ven, bendito del Señor ; ¿por qué estás fuera? yo he limpiado la casa, y el lugar para los camellos. Entonces el hombre vino a casa, y Labán desató los camellos; y dio paja y forraje, y agua para lavar los pies de él, y los pies de los hombres que con él venían....Entonces Labán y Bethuel respondieron y dijeron: Del Señor ha salido esto; no podemos hablarte malo ni bueno. He ahí Rebeca delante de ti; tómala y vete, y sea mujer del hijo de tu señor, como lo ha dicho El Señor . Y fue, que como el criado de Abraham oyó sus palabras, se inclinó a tierra Al Señor. Y sacó el criado vasos de plata y vasos de oro y vestidos, y dio a Rebeca: también dio cosas preciosas a su hermano y a su madre. Y comieron y bebieron él y los varones que venían con él, y durmieron; y levantándose de mañana, dijo: Enviadme a mi señor. Entonces respondió su hermano y su madre: Espere la moza con nosotros a lo menos diez días, y después irá. Y él les dijo: No me detengáis, pues que El Señor ha prosperado mi camino; despachadme para que me vaya a mi señor. Ellos respondieron entonces: Llamemos la moza y preguntémosle. Y llamaron a Rebeca, y dijeron: ¿Irás tú con este varón? Y ella respondió: Sí, iré. Entonces dejaron ir a Rebeca su hermana, y a su nodriza, y al criado de Abraham y a sus hombres. Y bendijeron a Rebeca, y le dijeron: Nuestra hermana eres; seas en millares de millares, y tu generación posea la puerta de sus enemigos. Se levantó entonces Rebeca y sus mozas, y subieron sobre los camellos, y siguieron al hombre; y el criado tomó a Rebeca, y se fue. Y venía Isaac del pozo del Viviente que me ve; porque él habitaba en la tierra del Mediodía; Y había salido Isaac a orar al campo, a la hora de la tarde; y alzando sus ojos miró, y he aquí los camellos que venían. Rebeca también alzó sus ojos, y vio a Isaac, y descendió del camello; Porque había preguntado al criado: ¿Quién es este varón que viene por el campo hacia nosotros? Y el siervo había respondido: Este es mi señor. Ella entonces tomó el velo, y se cubrió. **Entonces el criado contó a Isaac todo lo que había hecho. Y la introdujo Isaac dentro de la tienda de su madre Sara, y tomó a Rebeca por mujer (esposa)** אִשָּׁה **; y la amó: y se consoló Isaac después de la muerte de su madre.**"

Génesis 24:1-67

Nosotros como cristianos tenemos la confianza en ese "shadkhan" divino...el Espíritu Santo, quien nos ayuda en la búsqueda de nuestra pareja ideal.

2- El Contrato Escrito

El compromiso o contrato matrimonial (**Shitre Erusin** en hebreo) se llevaba a cabo de la siguiente manera.

El joven preparaba un contrato escrito, un odre de piel con vino y una gran suma de dinero y se dirigía a la casa de la doncella para presentárselo a ella y a su padre. Este contrato consistía en un documento escrito que estipulaba los términos de la propuesta matrimonial. El padre de la doncella le daba el visto bueno y entonces le proponía a su hija ponerlo bajo consideración.

El día de la boda, el novio llevaba el **Ketubah** para ser presentado en presencia de los testigos y padres de la novia.

Jesús ha preparado un contrato escrito, donde hace su propuesta de amor por nosotros. Su testamento es el **Ketubah** que todo ser humano ha recibido con el fin de conocer de su amor y misericordia para con nosotros.

Salgan, oh hijas de Sion,
y vean al rey Salomón con la diadema
con que lo ciñó su madre
en el día de sus bodas, el día en que
se regocijó su corazón.
Cantar de los Cantares 3:11

Este es el verso que aparece alrededor de la
muestra de los votos reales matrimoniales.
La ilustración de arriba es un Ketubah

3- Un precio a Pagar

El precio que el joven estaba dispuesto a pagar al suegro por el permiso de darle a su hija en casamiento, debía ser alto. En ese entonces, las hijas se consideraban una "carga financiera" porque estas no compartían las duras tareas ni el trabajo pesado. El precio era alto con el fin de compensar a la familia por todos los gastos incurridos en la crianza de la doncella, pero también como una muestra o expresión de amor de parte del joven por su futura prometida.

Jesús pagó un precio de sangre por nosotros. El mayor precio que un novio jamás ha pagado por su prometida.

"Porque comprados sois por precio: glorificad pues a Dios en vuestro cuerpo y en vuestro espíritu, los cuales son de Dios" I Corintios 6:20

"Por precio sois comprados; no os hagáis siervos de los hombres" I Corintios 7:23

4- La Copa de la Aceptación

Si el contrato y el precio eran aceptados por el Padre, entonces el joven vertía vino en una copa y la colocaba al lado de la mesa. El esperaba nerviosamente viendo si su amada lo bebía.

Esta copa representa el compromiso de pacto de sangre entre esposo y esposa. *(El matrimonio es un pacto de sangre a ser consumado el día de bodas. Durante las relaciones sexuales hay intercambio sanguíneo y hay derramamiento de sangre).* Esta unión sólo podía anularse por medio del divorcio. Si la doncella bebía de la copa, era la señal del sí. Nosotros como cristianos una vez que hemos aceptado a Jesús y su propuesta de amor, celebramos la Santa Cena en memoria de él y su propuesta. Durante la cena de pascua, los judíos tienen 4 copas pero nunca tomaban de la ultima porque estaba reservada para el Mesías. Jesús, si tomó de esta copa:

Asimismo tomó también la copa, después de haber cenado, diciendo: Esta copa es el nuevo pacto en mi sangre: haced esto todas las veces que bebiereis, en memoria de mí. I Corintios 11:25-26

5- Regalos

El novio preparaba regalos específicos para su amada, para recordarle que ella era su especial tesoro. A ella le tocaba usarlos hasta el día que se unieran como marido y mujer.

Y sacó el criado vasos de plata y vasos de oro y vestidos, y dio a Rebeca: también dio cosas preciosas a su hermano y a su madre. Génesis 24:53

Sichêm también dijo a su padre y a sus hermanos: Halle yo gracia en vuestros ojos, y daré lo que me dijereis. Aumentad a cargo mío mucho dote y dones, que yo daré cuanto me dijereis, y dadme la moza por mujer. Génesis 34:12-13

Además, dentro de las costumbres judías estaba el entregarle a la novia dentro de los regalos preparados: **un velo, el contrato matrimonial y una lámpara.** Jesús nos ha dado regalos a través de su Espíritu Santo, quien nos consuela y ayuda mientras el regresa. En esta etapa, la pareja ya está comprometida aunque aun no están listos para convivir juntos.

6- La partida del novio

El novio le anuncia a la novia que debe marcharse para prepararle un lugar llamado el "cuarto de bodas", y cuando esté listo vendrá por ella. Durante todo ese tiempo no se verán, pero los regalos que el le ha dado le recordarán a ella su interés y cariño, dándole la confianza de que él regresará por ella. Generalmente este "cuarto" que él construye está en la casa de su padre. Es la recámara de bodas antes de que la pareja vaya a su hogar definitivo. Puede tomar más de un año construirlo y le toca al padre, no al joven decidir cuando está listo. Sólo el padre sabe el día de la boda. El novio podría correr y dejar el cuarto a medio hacer con tal de tenerlo listo para regresar al lado

de su prometida, pero por esa razón el padre es quien da la aprobación objetiva. Si está completo y bellamente terminado, dará la aprobación. *"Pero en cuanto al día y la hora, nadie lo sabe, ni siquiera los ángeles en el cielo, ni el Hijo, sino sólo el Padre." Mateo 24:36*

Este cuartito es conocido como el "Chuppah o cha-dar" (JUPA) o también el Toldo de bodas. Esta palabra es usada en solo algunos pasajes específicos en la Palabra de Dios tales como: Salmos 19:1-5, Joel 2: 16.

La ilustración de arriba muestra un "chupah" moderno. Una representación del cuartito de bodas en la boda judía.

"Y él, como un novio que sale de su *tálamo*, Alégrase cual gigante para correr el camino" Salmo 19:5

"Salga de su *cámara* el novio, y de su *tálamo* la novia. "

Joel 2:16

El novio, además, escogía dos amigos cercanos para cuidar a su novia y para acompañarla el día de la boda. Estos son conocidos como "los amigos del novio". Servían de testigos legales para la ceremonia. Uno de ellos debía asistir a la doncella para ir a la boda y el otro acompañaba al novio.

"El que tiene a la novia es el novio. Pero el amigo del novio, que está a su lado y lo escucha, se llena de alegría cuando oye la voz del novio. Ésa es la alegría que me inunda." Juan 3:29

7- Preparación de la novia

Cuando el novio se va, la doncella tiene una ceremonia de purificación, y antes de la boda ella toma un baño especial de limpieza llamado MIKVEH. La novia se prepara aunque no sabe el día ni la hora cuando su prometido regresará, ella procurará lucir lo mejor. Se pone el velo que le fue dado como señal de que ya ha sido **pedida (me´kudeshet: comprometida,santificada, dedicada a otro)** y está comprometida. Cada vez que salga a la calle deberá cubrirse la cara con el velo para que todo aquel que la vea se de cuenta que ya no está disponible, sino que alguien ya ha pagado un precio alto por ella. Resistirá otras ofertas y esperará por él. El velo se lo recuerda constantemente, y debe estar lista en todo momento.

Además, la novia debía preparar **la lámpara de aceite** al lado de su cama, **el velo** y sus pertenencias.
Ella escogía unas vírgenes o doncellas que también debían estar preparadas con aceite suficiente en sus lámparas.

"Entonces el reino de los cielos será semejante a diez vírgenes que, tomando sus lámparas, salieron a recibir al novio. Cinco de ellas eran prudentes y cinco insensatas. Las insensatas, tomando sus lámparas, no tomaron consigo aceite;" Mateo 25:1-3

8- Viniendo por la novia

El novio, y sus amigos más cercanos vienen por ella. El ruido que hacen despierta a los vecinos para anunciarles el evento.

Sin embargo, en un mismo vecindario pueden haber varias novias. ¿Cómo sabrá la novia que es el novio? Y ¿Cómo reconocerá el novio a la doncella?

Por esa razón la novia debe llevar la lámpara y aproximársela a su cara para que el joven prometido la reconozca.

Por eso ella debe tener la lámpara a la mano y con suficiente aceite, después tomar sus cosas y marcharse.

" El reino de los cielos será semejante a **diez vírgenes, que tomando sus lámparas, salieron a recibir al esposo.** *Y las cinco de ellas eran prudentes, y las cinco necias. Las que eran necias, tomando sus lámparas,* **no tomaron consigo aceite***; Mas las prudentes tomaron aceite en sus vasos, juntamente con sus lámparas. Y tardándose el esposo, cabecearon todas, y se durmieron.* **Y a la media noche fué oído un clamor: He aquí, el esposo viene***; salid a recibirle. Entonces todas aquellas vírgenes se levantaron, y aderezaron sus lámparas. Y las necias dijeron a las prudentes: Dadnos de vuestro aceite; porque nuestras lámparas se apagan. Mas las prudentes respondieron, diciendo. Porque no nos falte a nosotras y a vosotras, id antes a los que venden, y comprad para vosotras. Y mientras que ellas iban a comprar, vino el esposo; y las que estaban apercibidas, entraron con él a las bodas; y se cerró la puerta. Y después vinieron también las otras vírgenes, diciendo: Señor, Señor, ábrenos. Mas respondiendo él, dijo: De cierto os digo, que no os conozco.* **Velad, pues, porque no sabéis el día ni la hora en que el Hijo del hombre ha de venir."***
Mateo 25:1-13

El novio da un fuerte grito y suena el "Shofar" (la trompeta). El novio y sus amigos cargan a la novia y sus damas y se dirigen a casa del Padre.

"Y enviará sus ángeles con gran voz de trompeta (shofar), y juntarán sus escogidos de los cuatro vientos, de un cabo del cielo hasta el otro". Mateo 24:30-32

"En un momento, en un abrir de ojo, a la final trompeta (Shofar); porque será tocada la trompeta, y los muertos serán levantados sin corrupción, y nosotros seremos transformados". I Corintios 15:52

"Porque el mismo Señor con aclamación, con voz de arcángel, y con trompeta (Shofar) de Dios, descenderá del cielo; y los muertos en Cristo resucitarán primero" I Tesalonicenses 4:16

SHOFAR

9- Consumación del Matrimonio

Al llegar a casa del Padre, los recién casados entraban a la recámara o chadar por siete días de luna de miel.

Gocémonos y alegrémonos y démosle gloria; porque son venidas las bodas del Cordero, y su esposa se ha preparado. Apocalipsis 19:7

El mejor amigo del novio se paraba fuera del cuarto esperando a que el novio le dijera que el matrimonio había sido consumado.

Mientras los novios estaban de luna de miel, los invitados estaban afuera teniendo una fiesta.

Cuando los novios hacían su aparición, les aplaudían y felicitaban. Seguidamente se daba la **cena de bodas** en honor de los novios.

La novia entonces se quitaba el velo y se daba a conocer delante de todos.

"Y oí como la voz de una grande compañía, y como el ruido de muchas aguas, y como la voz de grandes truenos, que decía: Aleluya: porque reinó el Señor nuestro Dios Todopoderoso. Gocémonos y alegrémonos y démosle gloria; porque son venidas las bodas del Cordero, y su esposa se ha preparado. Y le fue dado que se vista de lino fino, limpio y brillante: porque el lino fino son las justificaciones de los santos. Y él me dice: Escribe: Bienaventurados los que son llamados a la cena del Cordero. Y me dijo: Estas palabras de Dios son verdaderas" **Apocalipsis 19:4-9**

Capítulo Tres

Analogía en el Matrimonio

el matrimonio, el Mesías y Su iglesia
El contrato matrimonial
El precio
La copa
La purificación
El cuarto de bodas
La celebración de bodas
Infidelidad de la novia
Un nuevo pacto

Analogía entre el Matrimonio, el Antiguo Testamento y el Mesías

Dios se reveló a los judíos (a Israel como su novia) a través del **pacto** del matrimonio. Éxodo 6:6-7 Isaías 54: 5-6 Ezequiel 16:8. Dios mismo es el **shadkhan**.

Por tanto dirás a los hijos de Israel: YO El Señor y yo os sacaré de debajo de las cargas de Egipto, y os libraré de su servidumbre, y os redimiré con brazo extendido, y con juicios grandes: Y os tomaré por mi pueblo y seré vuestro Dios: y vosotros sabréis que yo soy El Señor vuestro Dios, que os sacó de debajo de las cargas de Egipto. Éxodo 6:6-7

Porque tu marido es tu Hacedor; El Señor de los ejércitos es su nombre: y tu redentor, el Santo de Israel; Dios de toda la tierra será llamado. Porque como a mujer dejada y triste de espíritu te llamó El Señor y como a mujer moza que es repudiada, dijo el Dios tuyo. Isaías 54: 5-6

49

"Y pasé yo junto a ti, y te miré, y he aquí que tu tiempo era tiempo de amores; y extendí mi manto sobre ti, y cubrí tu desnudez; y di juramento, y entré en concierto contigo, dice el Señor, y fuiste mía."

Ezequiel 16:8

Contrato matrimonial: Este Ketubah es el *Torah* (instrucción para el contrato matrimonial). Éxodo 20:3 Deuteronomio 6:4-5 Deuteronomio 4:24.

"No tendrás dioses ajenos delante de mí" *Éxodo 20:3*

"Oye, Israel: El Señor nuestro Dios, El Señor uno es: Y Amarás al Señor tu Dios de todo tu corazón, y de toda tu alma, y con todo tu poder" *Deuteronomio 6:4-5*

"Porque el Señor tu Dios es fuego que consume, Dios celoso" *Deuteronomio 4:24*

Si había fidelidad había bendición. Infidelidad era sinónimo de maldición. En Deuteronomio 28, Dios le dio a Israel todas las instrucciones para vivir como la novia que El deseaba.

El precio: era un precio de sangre a través del sacrificio de un cordero que significaba rescate y redención. Éxodo 12:13-14 Éxodo 19:5.

"Y la sangre os será por señal en las casas donde vosotros estéis; y veré la sangre, y pasaré de vosotros, y no habrá en vosotros plaga de mortandad, cuando heriré la tierra de Egipto. Y este día os ha de ser en memoria, y habéis de celebrarlo como solemne al Señor durante vuestras generaciones: por estatuto perpetuo lo celebraréis" Éxodo 12:13-14

"Ahora pues, si diereis oído a mi voz, y guardareis mi pacto, vosotros seréis mi especial tesoro sobre todos los pueblos; porque mía es toda la tierra." Éxodo 19:5.

Si Israel aceptaba entonces sería el especial tesoro de Dios. Los reyes solían identificar ciertos objetos de sus posesiones como de mayor valor y significado que otros: un especial tesoro. En este caso la esposa es el objeto de su amor y atención.

La copa del sí: En Éxodo 19:7-8 Israel aceptó el contrato. *"Entonces vino Moisés, y llamó a los ancianos del pueblo, y propuso en presencia de ellos todas estas palabras que El Señor le había mandado. Y todo el pueblo respondió a una, y dijeron: Todo lo que el Señor ha dicho haremos. Y Moisés refirió las palabras del pueblo al Señor"*

En la cena del pacto pascual se tomaba la copa de vino. En tiempos modernos los judíos beben cuatro copas en la Cena Pascual que significan cuatro promesas.

Éxodo 6:6 "Por tanto dirás a los hijos de Israel: YO EL SEÑOR ; y yo **os sacaré** de debajo de las cargas de Egipto, y **os libraré** de su servidumbre, y **os redimiré** con brazo extendido, y con juicios grandes."
La cuarta copa es la copa del pacto matrimonial. Es el sí a la propuesta matrimonial. Esa copa no se tomaba, pues le correspondía al Mesías cuando hiciera su aparición sobre la tierra. Se den cuenta de esto o no, Dios sí.

Regalos: los regalos dados por Dios a su prometida fueron: la tierra, el ser cabeza de naciones y la simiente prometida a Abraham. Estas son promesas eternas porque el pacto es eterno.
"Por lo cual dice: Subiendo a lo alto, llevó cautiva la cautividad, Y dio dones a los hombres." Efesios 4:8

Purificación: En Éxodo 19:10. El bautismo. *"Y el Señor dijo a Moisés: Ve al pueblo, y santifícalos hoy y mañana, y laven sus vestidos"*

El Cuarto de bodas: es el Sabath o el sábado (día de descanso) que fue creado para tener un tiempo a solas con Dios y reposar de los deberes del mundo. Un día de intimidad con el esposo. No es el día sábado en si, sino cualquier día donde se descanse buscando su presencia.

"**Y todo el pueblo respondió a una, y dijeron: Todo lo que el Señor ha dicho haremos.** Y Moisés refirió las palabras del pueblo al Señor" Éxodo 19:8

Y tú hablarás a los hijos de Israel, diciendo: Con todo eso vosotros guardaréis mis sábados: porque es señal entre mí y vosotros por vuestras edades, para que sepáis que yo soy el Señor que os santifico. Éxodo 31:13.

La celebración de Bodas: mostrada en "las fiestas del Señor". Tres veces al año la gente iba a Jerusalén para celebrar "su matrimonio" con Dios. *La fiesta de la Pascua* se hacía en primavera para celebrar la redención y liberación de Egipto. *La fiesta de Pentecostés* se hacía en verano y se el propósito era recibir instrucción. *La fiesta de los tabernáculos* realizada en el otoño, era el final de la temporada de la cosecha y era la celebración de la venida del Mesías.

Infidelidad de la novia: Justo después del compromiso que hiciera Israel con Dios, hizo un becerro de oro y le adoró. Durante la mayor parte que duró este matrimonio, Israel fue infiel. Algunas veces fiel, pero otras no. Dios envió muchos profetas para advertirle a su novia, pero sólo un remanente escuchó.

Jeremías 35:15: *"Y envié a vosotros a todos mis siervos los profetas, madrugando y enviándolos a decir: Tornaos ahora cada uno de su mal camino, y enmendad vuestras obras, y no vayáis tras dioses ajenos para servirles, y viviréis en la tierra que dí a vosotros y a vuestros padres: mas no inclinasteis vuestro oído, ni me oísteis"*

Dios no tuvo salida y tuvo que darle certificado de divorcio debido a su terquedad.

> *"Si alguno dejare su mujer, y yéndose ésta de él se juntare a otro hombre, ¿volverá a ella más? ¿no será tal tierra del todo amancillada? Tú pues has fornicado con muchos amigos; mas vuélvete a mí, dijo el Señor" Jeremías 3:1*

> *"Que yo lo había visto; que por todas estas causas en las cuales fornicó la rebelde Israel, yo la había despedido, y dándole la carta de su repudio; y no tuvo temor la rebelde Judá su hermana, sino que también fue ella y fornicó. Y sucedió que por la liviandad de su fornicación la tierra fue contaminada, y adulteró con la piedra y con el leño. Y con todo esto, la rebelde su hermana Judá no se tornó a mí de todo su corazón, sino mentirosamente, dice el Señor" Jeremías 3:8-10*
>
> *Empero así ha dicho el Señor: ¿Haré yo contigo como tú hiciste, que menospreciaste el juramento para invalidar el pacto? Ezequiel 16:32,38,59*

Pero Dios no se "divorció" sino que fue una corta separación. ***"Por un pequeño momento te dejé; mas te recogeré con grandes misericordias" Isaías 54:7***

Dios es un novio que se propuso recuperar a su prometida. Durante esta separación Israel fue esparcida por las naciones con una promesa, como si nunca hubiese pecado.

Y será que en aquel tiempo, dice el Señor, me llamarás Marido mío, y nunca más me llamarás Baali... Y te desposaré conmigo para siempre; he de desposarte conmigo en justicia, y juicio, y misericordia.... Y te desposaré conmigo en fe, y conocerás al Señor

Un nuevo Pacto: Jeremías 31:31-34.

"He aquí que vienen días, dice el Señor, en los cuales haré nuevo pacto con la casa de Jacob y la casa de Judá: No como el pacto que hice con sus padres el día que tomé su mano para sacarlos de tierra de Egipto; porque ellos invalidaron mi pacto, bien que fuí yo un marido para ellos, dice el Señor: Mas éste es el pacto que haré con la casa de Israel después de aquellos días, dice El Señor : Daré mi ley en sus entrañas, y escribiré en sus corazones; y seré yo a ellos por Dios, y ellos me serán por pueblo. Y no enseñará más ninguno a su prójimo, ni ninguno a su hermano, diciendo: Conoce al Señor : porque todos me conocerán, desde el más pequeño de ellos hasta el más grande, dice el Señor: porque perdonaré la maldad de ellos, y no me acordaré más de su pecado"

Hasta que este matrimonio fuera renovado Dios llamaría a su pueblo de entre los gentiles (GOYIN) para formar parte de la novia.

"Y acontecerá en aquel tiempo que la raíz de Isaí, la cual estará puesta por pendón a los pueblos, será buscada de las gentes; y su holganza será gloria." Isaías 11:10. *"Y dijo: Poco es que tú me seas siervo para levantar las tribus de Jacob, y para que restaures los asolamientos de Israel: también te dí por luz de las naciones, para que seas mi salud hasta lo postrero de la tierra."* Isaías 49:6

Jesús, redentor a los judíos y salvador a los gentiles

Con la llegada del Mesías prometido, el pacto matrimonial fue renovado. Un precio más alto se ofreció. Precio de sangre. Esta vez no de machos cabríos ni corderos, sino del Cordero de Dios que quita el pecado del mundo. Por amor, Jesús entregó su vida a cambio de recuperar a su novia, la iglesia.

La iglesia aceptó ese pacto y cada vez que tomamos la Santa Cena o Comunión lo hacemos en memoria de ese pacto, hasta que El venga. Es nuestra copa de la aceptación.

Además Jesús nos dejó regalos, a través de su Espíritu Santo. Los dones del Espíritu y el fruto del Espíritu embellece a la novia cada día y la mantiene fiel a El.

Antes de partir al Padre, Jesús dijo: *"Voy a preparar un lugar"*. *"En la casa de mi Padre muchas moradas hay"*.

El está preparando el "Cuartito de Bodas" para nosotros. Y nadie sabe ni el día ni la hora de Su Venida, ni siquiera Jesucristo, sólo el Padre lo sabe. *"Y al sonido de trompeta (shofar)...en un abrir y cerrar de ojos seremos transformados"* y al son de ese sonido sabremos que el novio ha de reunir a su prometida.

Debemos estar listos, como la novia, con la lámpara lista en todo momento y con aceite suficiente en ella (representación del espíritu Santo y sus dones).

Capítulo Cuatro

Buscando tu pareja

Buscando tu pareja
En el principio
Ayuda idónea
Libertad de escogencia
La pareja bajo un mismo yugo
El yugo
¿A qué se refiere Pablo con yugo desigual?
Dos yugos distintos
El Buey y el Asno
La oveja y el cabrito

Buscando a tu pareja

¿Tiene Dios una pareja para mí? ¿Cómo encontrarla? ¿Qué cosas debo tomar en cuenta? Todas y cada una de estas preguntas pasan por nuestras mentes cuando creemos que estamos listos para una relación de pareja. Obviamente estamos suponiendo que estas son las preguntas hechas por un hijo o hija de Dios, un creyente nacido de nuevo. Entonces obviamente la respuesta se encuentra en el libro por excelencia: La Biblia. Basados en este libro extraordinario vamos a estudiar los parámetros que debemos tomar en cuenta a la hora de escoger nuestra pareja. Recuerda que esta relación será de "por vida" y lleva implícito un "pacto".

En el Principio...

Tomó, pues, el Señor al hombre, y le puso en el huerto de Edén, para que lo labrara y lo guardase. Y mandó el Señor al hombre, diciendo: De todo árbol del huerto comerás; Mas del árbol de ciencia del bien y del mal no comerás de él; porque el día que de él comieres, morirás.

Y dijo el Señor: No es bueno que el hombre esté solo; le haré ayuda idónea para él. Formó, pues, el Señor de la tierra toda bestia del campo, y toda ave de los cielos, y las trajo a Adam, para que viese cómo les había de llamar; y todo lo que Adam llamó a los animales vivientes, ese es su nombre.

Y puso Adam nombres á toda bestia y ave de los cielos y á todo animal del campo: mas para Adam no halló ayuda que estuviese idónea para él.

Y el Señor hizo caer sueño sobre Adam, y se quedó dormido: entonces tomó una de sus costillas, y cerró la carne en su lugar; Y de la costilla que el Señor tomó del hombre, hizo una mujer, y la trajo al hombre.

Y dijo Adam: Esto es ahora hueso de mis huesos, y carne de mi carne: ésta será llamada Varona, porque del varón fue tomada.

Por tanto, dejará el hombre a su padre y á su madre, y se unirá a su mujer, y serán una sola carne.

El varón necesita una ayuda idónea

El propósito de Dios para el hombre en el huerto era que lo cultivara y lo guardara. Dentro de esas responsabilidades estaban: el servir, adorar, guardar, proteger y administrar. Dios reconoció entonces que Adán necesitaba una **ayuda idónea** para poder llevar a cabo el trabajo eficazmente.

Ayuda idónea: esta palabra en el hebreo es EZER NEGED. NEGED se encuentra como una frase preposicional. KENEGED. Una pareja, contraparte adecuada. La palabra idónea significa: lo opuesto, lo contrario, la contraparte. Adán necesitaba una pareja que fuera como él pero a la vez diferente. Alguien que fuera parte de él, pero con individualidad propia también. El propósito de Dios en crear a Eva era complementar a Adán y servirle de contraste. Ambos deben complementarse y ayudarse. Siguiendo el destino o plan que Dios tenía para ellos dos. Adán no podía llevar a cabo tan grande tarea solo. Dios creo al hombre desde el principio para trabajar en equipo.

De acuerdo con esta definición el destino nuestro es estar en armonía con nuestras parejas y juntos llevar a cabo una labor eficaz.

La voz hebrea para "hombre" en este pasaje que estamos estudiando es *ISH* y el término hebreo para "mujer" es *ISHA*. El hombre estuvo completo en sí mismo desde que Dios le formó del polvo de la tierra. Pero se hallaba solo. La palabra solo aquí es: **BAD** que significa: alejado o separado de su contraparte.

El matrimonio NO te completa sino que te complementa

Fue entonces que Dios lo hizo caer en un sueño profundo y formó a *ISHA* de su costilla.

ISHA no pudo funcionar como la contraparte del hombre (ayuda idónea) hasta que su cuerpo fue removido por medio de una "cirugía" divina.

Mientras el hombre estuvo <u>sólo</u> **(separado de su contraparte)** no pudo funcionar eficazmente. La necesidad del hombre fue su soledad y separación.

La mujer por eso fue creada como su compañera, asociada, y contraparte adecuada.

Cuando Dios le trajo los animales a Adán para que los nombrara, se denotó que no había sido hallada ayuda idónea para él. La contraparte adecuada.

Si tu eres un varón y estás leyendo estas líneas, recuerda que tu no fuiste creado como ayuda para la mujer, sino la mujer para el hombre, por eso debes estar definido en tus planes y objetivos de vida, de lo contrario ella tomará las riendas que te corresponden a ti.

LIBERTAD DE ESCOGENCIA

Dios no te impone una pareja. Tú tienes libre albedrío. El Señor vio que Adán se encontraba solo y quiso darle una ayuda idónea, para que pudiera llevar a cabo su tarea y fructificar. Puso primero delante de Adán todos los animales para ver si entre ellos encontraba ayuda. Al no hallarla fue entonces cuando Dios creó a Eva de su costado. No otro Adán. Adán con Adán no se complementan ni dan fruto. Todo lo que Dios hizo, da fruto y se reproduce.

La mujer no fue creada para buscar pareja. Quien busca esposa es el varón. Pero la mujer tiene el privilegio de dar el si o rechazar la propuesta. **Proverbios 18:22** *"Encontrar esposa es hallar lo mejor. Es una muestra del favor de Dios.*

Puntos que deberías tomar en cuenta en tu pareja, con el fin de ser ambos complemento el uno del otro.

área
emocional
(Personalidad)

**Área espiritual
(llamado o ministerio)**

Tome en cuenta:
• Carácter
• Personalidad
• temperamento
• Gustos

•Que sea creyente
•Dones y talentos afines
•Llamado ministerial
o llamado laico
•Nivel de entrega a Dios

Área Física

• Corporal
• Estudios
• Familia

La pareja bajo un mismo yugo

En el principio, Dios creo todo perfecto. y ambos, hombre y mujer, eran seres que no tenían un pasado. el Señor sabía que para entrar a una relación duradera, era necesario que a ninguno de los dos los ataran los recuerdos. por esto, el énfasis en el versículo 24, donde dice: "... por tanto, *dejará** el hombre a su padre y a su madre, y se *unirá* a su mujer, y serán una sola carne..."

(Génesis 1:24)

Suzeugnumi: está compuesta por dos expresiones que van unidas: SUN: al lado de, en común acuerdo, con la ayuda de. Estar unidos por asociación, compañerismo, instrumentalidad. ZEUGOS: equipo, par de balanzas, yunta.

* LA RAIZ GRIEGA DEL VERBO "DEJAR" ES *Kataleipo* QUE SIGNIFICA: dejar en pos de sí, abandonar; dejar a un lado. En el hebreo esta misma palabra es yathar: dejar atrás o abandonar.

LA RAIZ GRIEGA DEL VERBO "UNIR" ES *Suzeugnumi* QUE SIGNIFICA: enganchar, unirse en yugo, aparearse. Estar íntimamente unido. Literalmente: unido por matrimonio.

DEFINICION DE MATRIMONIO

Según los términos mencionados podemos definir el matrimonio según Dios de la siguiente manera:

El hombre estará al lado de su compañera, asociada y formará una asociación o empresa en compañerismo, compartiendo y añadiendo sus talentos y habilidades, conformando un equipo y pareja de balance, unidos por un mismo yugo y convirtiéndose en uno solo.

EL YUGO

Es interesante como el apóstol Pablo también se refirió a una yunta de bueyes para ilustrar el matrimonio. Cuando el habló de yugo, se refería al ligamento de madera que unía a los dos bueyes y los convertía en una yunta. Ambos bueyes deben tener el mismo yugo para poder ejercer todas las labores y propósitos de un equipo. Además, ambos deben estar en común acuerdo y tener un pensamiento unido, de no ser así, se causan daño el uno al otro; se hieren y llegan a producirse una herida. Cuando esto sucede, el campesino opta por separarlos. Lo mismo sucede con muchos matrimonios, se hieren y hacen daño hasta que optan por divorciarse o separarse.

¿A QUE SE REFIERE EL APOSTOL PABLO CON YUGO DESIGUAL ?

Cuando Pablo habló acerca de no unirse en yugo desigual, lo hizo refiriéndose al yugo desigual con los incrédulos (2 Corintios 6:14). Estaba tocando un punto muy importante: el incrédulo tiene: el yugo de la maldición sobre sí; mientras que el creyente tiene el yugo y la carga de Cristo sobre sus hombros (es una carga ligera, no pesada según Mateo 11:29-30).

Por lo tanto, cuando el creyente se une al incrédulo se le coloca un yugo mucho más pesado que el que puede soportar y se cae. Por ejemplo: si una persona está en una planta alta, arriba de una escalera y otra se encuentra en la parte de abajo, la distancia parece corta pero los resultados de una caída pueden ser funestos.

Es más fácil que la persona que se encuentra abajo haga caer al que está arriba, que viceversa.

Es mucho más fácil y más factible que un no creyente se traiga abajo al creyente, que el cristiano trate de subir al otro al lugar donde está.

Yugo también significa: Someterse al dominio de alguien o ceder a su ascendiente, influencia y sugestión.

65

DOS YUGOS DISTINTOS

Sabemos que Dios dio un mandamiento específico a Adán (Génesis 2:16) de no comer del árbol del conocimiento del bien y del mal, pues el día que lo hiciera sería separado espiritualmente de Dios por la desobediencia.

Adán pasó este mandamiento a su mujer, y ambos vivían en el huerto del Edén hasta que la serpiente tentó a Eva y fue engañada. El dio de comer del fruto a su esposo y ambos recibieron la severidad de la maldición por cuanto eran uno solo.

Una vez casados, cualquier decisión que tomemos afectará también a nuestro cónyuge. Dejemos de pensar egoístamente. Somos un equipo.

Muchas parejas se casan sin estar en el mismo nivel espiritual y más adelante lo que viene es lamentable. Esto es lo que sucede en los matrimonios que se unen en yugo desigual.

El Señor dijo a los Israelitas que no usaran dos animales diferentes para arar. Él dijo esto porque los animales diferentes no se hicieron para trabajar juntos. Uno de ellos podrían lastimar al otro. Deuteronomio 22:10 dice *"No ararás con un buey y un asno juntos"*. II Corintios 6:14 dice: *"no se unan en yugo desigual con los incrédulos"*.

La palabra para yugo desigual que aparece en el original griego se divide en dos: eteros: distinta clase, desigual y zugow: unidos por una barra.

Este verso no quiere decir que no debemos asociarnos con no creyentes, sino no unirnos a ellos ni comprometer nuestra relación con Cristo, nuestro compromiso con El. Esto aplica no sólo con las actividades o relaciones de negocios o sociales sino también familiares.

Imagine dos bueyes unidos por una yunta con sus patas dañadas tratando de llevar una carga.

Ambos tirarían en círculo o escogerían direcciones diferentes. Al no tirar hacia la misma dirección, esto les debilitará a ambos.

Un yugo desigual es cuando los dos están tirando en direcciones diferentes.

"¿Andarán dos juntos, si no estuvieren de acuerdo?" Amós 3:3

Una yunta se lima mientras van caminando juntos. Son un equipo y están trabajando juntos para una causa común. Aquí radica el éxito en cualquier relación interpersonal. Especialmente aquellos en Cristo Jesús, unidos bajo una misma fe.

El buey y el asno

Cuando unimos dos animales diferentes a una yunta, como un buey y un asno, esto crea problemas evidentes. La longitud de las patas es distinta. Un asno camina a un paso diferente al del buey. El buey es mucho más fuerte y ambos piensan distinto con respecto al trabajo.

(*Yunta desigual (animales distintos)*

El asno come un tipo de hierba que si el buey llegara a comerla lo enfermaría. Cuando ponemos dos animales desiguales en un yugo común se frotan hasta dejarse heridas profundas. Un yugo desigual hace que el surco que se está arando no quede derecho sino torcido. Al campesino le es muy difícil mantener a ambos animales en línea. Un cristiano unido a un no creyente afrontarán estos problemas. Ambos tienen padres distintos (Juan 8:42,44) y estilos de vida diferentes (Efesios 2:1-2, 5:8). Piensan distinto en lo que se refiere a las labores y el trabajo. Lo que alimenta a uno, al otro puede causarle nauseas.

La oveja y el cabrito

Y serán reunidas delante de él todas las naciones; y apartará los unos de los otros, como aparta el pastor las ovejas de los cabritos. Y pondrá las ovejas a su derecha, y los cabritos a su izquierda."
Mateo 25:32-33

La Biblia también hace mención de dos animales que no pueden estar juntos debido a sus diferencias: la oveja y el cabrito.

Existen muchas diferencias entre ambos animales y enumeraremos algunas de ellas:

Los cabritos comen desperdicios

El cabrito se caracteriza en que come casi cualquier cosa. Puede estar comiendo basura y creer que es deliciosa. Hay cristianos quienes se alimentan con cualquier cosa. Son desnutridos espiritualmente. No buscan *"la leche espiritual no adulterada"* como hace mención el apóstol Pedro, sino que se alimentan con cosas "que no edifican" ni nutren. O peor aun, ni siquiera se congregan regularmente. Dios nos dio el mandato claro, de *"no dejar de congregarnos, como algunos tienen por costumbre, sino exhortándonos"* (**Hebreo 10:25**). Dios nos ha creado con una necesidad espiritual de tener relación con otros hermanos de la misma fe para que crezcamos hasta la madurez. Un cabrito prefiere "la comida rápida" a una dieta espiritual balanceada. Comen hojas, ramitas, vides, y arbustos. Las ovejas prefieren comer pasto, hierbas sensibles y tréboles y les gusta pastar cerca de la superficie del suelo. A las cabras, por el contrario, les gusta comer solo el tope de las plantas, así como muchos prefieren solo lo superficial.

Los cabritos lucen diferente

Las ovejas tienen 54 cromosomas mientras que la cabra o cabrito tiene 60. Su anatomía es diferente. El cabrito es mucho más delgado que la oveja y no produce lana. El cabrito tiene pelo y la oveja tiene lana.

Algunos cristianos son como los cabritos. Espiritualmente son más delgados y sin mucho que ofrecer. Mientras que hay otros que son como las ovejas llenas de lana listas para ser trasquiladas. Su naturaleza es: dar. Las ovejas tienen el labio superior dividido, algo que una cabra no tiene. Otra diferencia está en los cuernos. Los cuernos de los cabritos son más estrechos, derechos y menos retorcidos que los cuernos de las ovejas. Lo retorcido de sus cuernos hace alusión al arrepentimiento. El verdadero cristiano se arrepiente de sus pecados y cambia el curso de su andar. Las colas de ambos animales son distintas. La posición de la cola del cabrito es hacia arriba mientras que la de la oveja cuelga y es más corta. El cabrito tiene barba mientras que la oveja tiene melena. Las ovejas tienen las patitas más cortas que los cabritos, por eso no saltan de rebaño en rebaño.

Los cabritos se comportan distinto

Los cabritos son curiosos por naturaleza y son completamente independientes.

Una oveja por otra parte prefiere quedarse en la manada. Es este comportamiento precisamente el que las defiende de los depredadores. Los cabritos dominan fácilmente a las ovejas.

Un cristiano maduro debe ser capaz de diferenciar las ovejas de los cabritos, porque de lo contrario será influenciado por su rebeldía y dominio, sufriendo terribles consecuencias.

El Noviazgo que agrada a Dios

Aunque las ovejas y los cabritos se parecen a simple vista y hasta tienen un balido similar, definitivamente existen diferencias pronunciadas. Los cabritos son muy agresivos. Siempre están pegándose cabeza contra cabeza con otros, y con cualquiera que se ponga en su camino. Tienen cuernos que los usan en contra de otros. Los cabritos son rebeldes y pasan brincándose el redil. Cuando busques pareja, toma en consideración todas estas características, pues al principio casi no habrá diferencias, pero al avanzar la relación, el verdadero comportamiento y carácter saldrán a la luz y puede ser muy tarde.

Las ovejas son animalitos sensibles pero muy torpes. La oveja no puede correr porque sus patitas son muy cortas y por eso son presa fácil de los leones y otros animales.

Dios nos compara con las ovejas. Pero se nos olvida que hay cosas que no son afines a nuestra naturaleza de oveja.

Queremos correr como los cabritos y subir a lugares que no fueron hechos para nosotros.

La oveja por si misma no tiene la capacidad de defenderse sino que necesita estar cerca de su Pastor.

El matrimonio en yugo desigual se hace pesado en el futuro y ambos cónyuges trabajan demasiado para mantener su relación en línea. Ambos tienen dos filosofías de la vida totalmente diferentes. Sus prioridades son muy distintas y sobre todo su punto de vista espiritual será un obstáculo para que la relación prospere.

Cuando un creyente decide unirse en yugo desigual, esa relación solo podrá deshacerse con la muerte de uno de los dos o con la deserción del no creyente. La unión es fuerte y el pacto no se rompe. Para Dios ese matrimonio es igual de válido. Ya el error cometido, no se puede enmendar. Es decir, no puede conseguir otra pareja. El ser humano no quiere hacerle caso a su Creador y después, cuando las cosas fallan intentan doblarle el brazo a Dios, y Dios NO puede ser burlado.

Joven que nos lees, soltero mayor o jovencito, toma en cuenta todo lo anterior antes de involucrarte sentimental y físicamente con alguien.

El que se une a otra persona, un solo cuerpo conforman y se hacen UNO. Se "enyugan". Jesús dijo en Mateo 19:5 : *"Por esto el hombre dejará padre y madre, y se unirá a su mujer, y los dos serán una sola carne"? Así que no son ya más dos, sino una sola carne; por tanto, lo que Dios juntó no lo separe el hombre."*

No te "enyugues" con alguien que no comparte tus mismas creencias, llamado, metas y sobre todo, con alguien que no comparte tu gran amor por Dios.

Recuerda: Si la otra persona ama a Dios más de lo que te ama a ti, esa persona te amará y respetará todos los días de tu vida.

Capítulo Quinto

Las Citas

Un sistema inventado por el hombre
¿Cuál es el problema con las citas amorosas?
Consecuencias del sistema de citas

¿Cuál es el problema
con las citas amorosas?

Proverbios 18:22 " El que encuentra esposa encuentra el bien y alcanza la benevolencia de Dios.."

En la Biblia no encontramos pasajes que respalden las citas como un método de discriminación para encontrar una pareja. Dios respalda las relaciones entre jóvenes que deseen un compromiso y una relación duradera.

El problema de las citas recreacionales en el mundo hoy es que, por lo general, tienen en mente la satisfacción de los deseos emocionales y físicos, y ningún interés en el matrimonio.

Primero, entendamos que un hombre joven cristiano o una mujer de Dios sólo deberían interesarse en una relación con otro cristiano (un verdadero creyente nacido de nuevo).

Cada vez que la Biblia habla de un hombre "uniéndose" a una mujer siempre lo hace en referencia al contexto del matrimonio. De hecho Dios manda:

Deuteronomio 7:3-4 " Tampoco te unirás en matrimonio con ninguna de esas naciones; no darás tus hijas a sus hijos ni tomarás sus hijas para tus hijos, porque ellas los apartarán del Señor y los harán servir a otros dioses. Entonces la ira del Señor se encenderá contra ti y te destruirá de inmediato."

2 Corintios 6:14 No formen yunta con los incrédulos. ¿Qué tienen en común la justicia y la maldad? ¿O qué comunión puede tener la luz con la oscuridad?

1 Corintios 7:39 La mujer está ligada a su esposo mientras él vive; pero si el esposo muere, ella queda libre para casarse con quien quiera, con tal de que sea en el Señor.

Dios desea que un creyente procure relaciones duraderas solamente con otros creyentes.

El problema con nuestro sistema de citas moderno es que anima a la gente joven a estar con muchas personas antes de encontrar a la definitiva, en lugar de esperar con paciencia a la persona cristiana y recta con la que podría desarrollar "una AMISTAD" piadosa, con esperanzas e intenciones de un compromiso a largo plazo que conduzca al matrimonio.

En la Biblia no aparece el modelo de "intentar una y otra vez" hasta quedar satisfecho con la persona deseada. Lo que usted debería de hacer es invertir su tiempo en buscar y desarrollar amistades cristianas que no le involucren emocionalmente hasta que no esté listo para comprometerse en matrimonio.

Consecuencias del sistema de citas amorosas:

1- Produce ataduras y "vínculos" del alma que conlleva a heridas emocionales fuertes y difíciles de sanar. Cada vez que un muchacho o una muchachita se entregan emocionalmente a una relación de pareja, una parte del corazón ha sido entregado a esa otra persona. Es una parte del corazón que no puede ser devuelta. Amado joven que lees este libro, tu corazón es como un gran pastel. Cada vez que "te enamoras" entregas una tajada de ese pastel, creando un vacío emocional, que pretende ser llenado con el próximo "enamoramiento". No hay tal cosa como "el enamorarse sólo una vez". De hecho cada vez que reanudas una relación diferente, tus sentimientos y hormonas se activan produciendo la formula química del enamoramiento que vimos en capítulos anteriores. Las ataduras o vínculos del alma producen grietas en las emociones, desarrollan personas inseguras y conllevan a un sufrimiento innecesario debido a los vacíos de amor que dichos vínculos, una vez rotos, ocasionan.

• La promiscuidad emocional desenfrenada, es resultado de las citas amorosas, regalando pedazos de nuestros corazones sin preguntarnos qué quedará para aquel compañero especial, de toda la vida.

2- Conlleva a la infidelidad. Las citas amorosas no llevan implícito un compromiso por lo que programa al joven a desechar todo aquello que le cause molestia o disgusto, deshaciéndose fácilmente de la persona con la que está sosteniendo una relación.

Hoy en día es muy común el rompimiento entre los novios debido a la infidelidad. Precisamente porque no hay compromiso ni existe un terreno amistoso neutral entre los involucrados. La persona comienza a ver de manera muy normal el cambio de pareja.

3- **El sistema de citas amorosas programa a la gente hacia el quebrantamiento de votos,** y una vez que entran al matrimonio, hacia el divorcio. Esto debido a que este sistema respalda el rompimiento de compromisos adquiridos, incrementando la tasa de divorcio en la sociedad. Durante el juego de "citas", podemos desarrollar una actitud que dice, *"Si esto no funciona, encontraré a alguien más."*

Este no es el plan de Dios. Dios no quiere que usted se comprometa en relaciones a menos que tenga la intención de guardar y mantener un voto. Mucha gente durante las citas promete amor y afecto a alguien, sólo para después romper su promesa. ¡Esto es pecado ante Dios!

De la misma manera, el matrimonio es un pacto "para toda la vida", donde Dios es el testigo principal.

Números 30:2 " Cuando alguien haga un voto a Dios, o haga un juramento ligando su alma con alguna obligación, no quebrantará su palabra; hará conforme a todo lo que salió de su boca"

Mateo 5:37 Pero sea vuestro hablar: "Sí, sí" o "No, no", porque lo que es más de esto, de mal procede"

Colosenses 3:9 No mintáis los unos a los otros, habiéndoos despojado del viejo hombre con sus hechos"

4- **El sistema de citas promueve deshonestidad.**
La persona enamorada trata de ocultar todos sus defectos para evitar perder el objeto de su amor. El cortejo con miras al matrimonio por el contrario está basado en la honestidad. El cortejo tiene como fin ver si hay alguna razón por la cual usted no debería casarse con la persona que está considerando. No existe ninguna interacción romántica-física sino hasta que llega el compromiso del matrimonio.

5- **El sistema de citas confunde a los cristianos y los desvía de su propósito en Dios,** por la sencilla razón que están más interesados en encontrar una pareja que encontrar su propósito en el reino de Dios.
Usted tiene que averiguar su destino en la vida siendo soltero y soltera. En el caso de los hombres, deben comenzar a descubrir su llamado para cumplir su papel de "líder espiritual" una vez llegado el momento.
La mujer soltera, por otro lado, debe saber para lo que Dios le está llamando, con el fin de convertirse en una buena ayuda idónea.
El hombre NO ES ayuda idónea. El hombre es la cabeza en la relación. La mujer fue creada como ayuda idónea. Si por ejemplo, la mujer siente un llamado hacia el evangelismo y se casa con alguien con un llamado pastoral, tarde o temprano querrá realizar su propio sueño, en lugar de ayudar a su pareja a cumplir el llamado que Dios le ha hecho.

Llamados afines darán un mejor resultado.

Capítulo Sexto

El Proceso de Cortejo

**reciprocidad espiritual
afinidad de pensamiento
compromiso, carácter y temperamento
metas comunes**

El Proceso de cortejo según Dios

Cuando una persona está considerando a otra para que se convierta en su pareja de por vida, debe tomar en cuenta varios principios primordiales antes de tomar la decisión de entablar una relación duradera.

I. Considere la reciprocidad espiritual entre ambos

Hágase las siguientes preguntas con respecto a la otra persona: ¿Ha tenido un encuentro personal con Jesús? ¿Su espíritu ha sido regenerado como dice Juan 3:1-6? ¿Son similares en sus valores y actitudes con respecto a los asuntos espirituales? Mateo 7:16 ¿Orará con usted? ¿Estudiará la Escritura con usted? ¿ Asistirá a la iglesia con usted? ¿Busca consejo del pastor o líder espiritual? Si la respuesta a estas preguntas es positiva, usted va por buen camino, pero si hay alguna respuesta negativa esto puede ser una llamada de atención. ¡ALTO!

Si la persona con la que usted está considerando para pasar el resto de su vida, no ha tenido un encuentro con Jesús, ni ha nacido de nuevo, si sus actitudes y valores son distintos a los suyos, si no lee la Biblia con usted ni va a la iglesia, ni busca consejo espiritual ahora, tampoco lo hará cuando estén casados. Si de "novios" no dan fruto de verdaderos cristianos, mucho menos de casados.

Lo que en el noviazgo es evidente se incrementará en el matrimonio, sea positivo o negativo.

Si durante el periodo de cortejo, usted tiene que luchar por el área espiritual de su pareja, durante el matrimonio esto empeorará.

II. Considere la afinidad de pensamiento.

El área mental es muy importante a la hora de escoger una pareja. Es importante saber si existen intereses comunes. Y si se comparten inclinaciones similares. ¿Hay un deseo común "de renovar la mente" tal como lo enseña Romanos 12:2; y Efesios 4:23? O por el contrario, existe una mente pasiva o engañada por el pecado y los deseos carnales?

Si siendo "novios" no existe afinidad de mente, no existirá en el futuro. No piense que usted podrá "convencer" a su pareja de cambiar en el futuro.

Si no hay un cambio genuino en el presente, este es un indicador de que las cosas van mal e irán de mal en peor.

No se guíe por sus sentimientos. Los sentimientos y emociones deben desencadenarse como producto de una relación seria y de compromiso, pero no deben ser la base para dicha relación.

Los sentimientos son fluctuantes y generalmente son influenciados por situaciones externas. Por eso, una vez más, insistimos en que el amor no es un sentimiento sino una decisión. Decidimos amar a la persona que hemos escogido como pareja, no viceversa.

III. Considere el compromiso, el carácter y el temperamento.

El área del carácter es importantísima. El carácter está por encima de la unción. La unción sin carácter es un desperdicio. Un joven puede tener una unción maravillosa de parte de Dios pero si no tiene carácter ni dominio propio, terminará desperdiciando su unción. El carácter incluye la integridad, honestidad, bondad y trazos como estos. El carácter cristiano involucra a la voluntad. Todo cristiano debe aprender a tomar las decisiones correctas, a eliminar conductas inapropiadas y a hacer uso del dominio propio.

"Dejen todo eso: el enojo, la pasión, la maldad, los insultos y las palabras indecentes. No se mientan los unos a los otros... Vivan revestidos de compasión, bondad, humildad, mansedumbre y paciencia...Y perdónense si alguno tiene queja contra otro, así como el Señor los perdonó... Y todo lo que hagan o digan, háganlo en el nombre del Señor." Colosenses 3:8-17

Una persona puede desarrollar su carácter sin importar qué temperamento tenga. Conocer el tipo de temperamento que tenemos nos ayuda a moldear nuestro carácter.

El temperamento es constituido por aquellos aspectos motivacionales y emotivos del individuo, en gran parte determinados por factores biológicos o constitucionales.

Existen diferentes tipos de temperamentos.

La doctrina más antigua en cuanto a la clasificación de los temperamentos fue la propuesta por Hipócrates y desarrollada por Galeno.

De acuerdo con esta definición el temperamento es la parte de la personalidad más propensa al cambio. Según esta clasificación, el temperamento está íntimamente relacionado con los diferentes humores del cuerpo: Sangre, la bilis negra, bilis amarilla y la flema.

Según el orden anteriormente mencionado, tendríamos: el temperamento sanguíneo, temperamento melancólico, temperamento colérico y temperamento flemático.

SANGUÍNEO: El sanguíneo es una persona cálida, vivaz, alegre. Por naturaleza receptivo. Para tomar sus decisiones predominan más los sentimientos que los pensamientos reflexivos. Es un super-extrovertido.

Nunca le faltan amigos. Su naturaleza ingenua, espontánea, cordial le abre puertas.

Puede sentir genuinamente las alegrías y los pesares de las personas con quien está y tiene la habilidad de hacerle sentir importante como si se tratase de un amigo muy especial- y lo es, mientras tenga sus ojos puestos en él, o mientras sus ojos no se dirijan hacia otra persona con igual intensidad.

Su modo libre de desenvolverse hace que los de temperamento más tímido lo envidien.

MELANCÓLICO: La persona melancólica es generalmente considerada y preocupada por los demás. La persona melancólica, al contrario de los sanguíneos, se preocupa cuando no puede estar a tiempo para las actividades planificadas. Los melancólicos son altamente creativos y destacan en actividades de arte y poesía. Su sensibilidad hace que se involucren en las tragedias y barbaries del mundo. Los melancólicos son perfeccionistas e independientes. Lo negativo es que se concentran tanto en lo que hacen que se olvidan de los demás.

COLÉRICO: La persona colérica es un HACEDOR. Tiene mucha energía y pasión para hacer las cosas y procura contagiar a otros. Tienden a dominar a la gente de otros temperamentos, especialmente a los flemáticos. Muchas figuras militares y políticas fueron coléricos. Les gusta ser líderes y estar a cargo de todo.

FLEMÁTICO: Los flemáticos tienden a ser conformistas y bondadosos. Suelen ser muy afectivos y aceptan fácilmente a la gente debido a que son muy receptivos. Son introvertidos y en su mayoría prefieren la estabilidad. No les gusta el cambio ni la incertidumbre. Son consistentes, tranquilos, curiosos y observadores. Son buenos administradores. Uno de sus problemas es que pueden ser muy pasivo-agresivos, en contra de ellos mismos o los demás.

Es necesario conocer nuestro temperamento y permitir al espíritu de Dios que perfeccione lo positivo y nos ayude a cambiar lo negativo.

Aprendamos a usar la asertividad.

Cada temperamento tiene cosas muy positivas como también sus aspectos débiles. Cada uno es importante para la realización de tareas especificas y planes definidos.

Entrégale tu temperamento al Señor, y el hará la obra en ti, si estás anuente y decidido al cambio.

El Carácter

El término carácter tiene origen en el griego χαρακτήρ y significa marca grabada, señal que se esculpe o dibuja en algún objeto.

En otras palabras, el carácter sería el sello personal que se manifiesta en el comportamiento del individuo. Es un rasgo predominante en la conducta de alguien. *Cuando decimos de alguien que es una persona "noble", "creativa" o "desleal", nos estamos refiriendo a su carácter.*

Las definiciones del carácter pueden ser bastante diferentes, de acuerdo con el criterio de valoración elegido socio-culturalmente. El carácter no se toma aquí como una parcela de la personalidad, sino como la personalidad misma que es valorada positivamente o negativamente.

Debemos moldear el carácter de Cristo en nosotros. Dejando que su sello se haga evidente en nosotros.

Dejemos que Cristo ponga su sello en nosotros y caminemos en sus obras.
La marca del Señor en nosotros nos ayuda a cambiar y a mejorar.

IV. Considere las metas comunes

Analice las metas a corto y largo plazo que esta persona tiene. ¿Hay objetivos y prioridades comunes? ¿Tiene metas, tanto espirituales como sociales? ¿seguirá una carrera universitaria? ¿Están ambos siendo guiados por Dios en su toma de decisiones con respecto al futuro? ¿Tiene esta persona la misma capacidad de dominio propio que usted y será capaz de no tener relaciones sexuales prematrimoniales? ¿Están conscientes ambos de las limitaciones físicas que tendrán durante el noviazgo y compromiso?

Aunque son muchas preguntas, es necesario realizarlas antes de que sea demasiado tarde para realizar un análisis objetivo de nuestra relación de noviazgo.

Capítulo Sétimo

Consejos para los solteros

Sea feliz siendo soltero
Disfrute su soltería
Sea una persona sujeta
No se desespere
Controle sus pasiones
Sea amigo
Sea un cristiano comprometido
Prepare una dote

Consejos para los solteros basados en la Palabra de Dios

Sea feliz siendo soltero: Lo primero que todo joven debe procurar es: estar a gusto, contento y feliz siendo soltero. Disfrutar de su juventud plenamente, no esperando llegar al matrimonio para llenar algún vacío. Si como soltero te sientes vacío, como casado también lo sentirás. Casarse no resolverá tus problemas, sino que los agravará si tu actitud no es la correcta. Además, procura tener una relación con Dios estable y una vida entregada a él.

Casi todos los solteros tienen listas de características que desean ver en la persona de sus sueños, pero muy pocos cumplen ellos mismos con tales características. En otras palabras, si tu no estás listo para ser juzgado, no puedes pretender juzgar a los demás por su carácter y actitudes.

Contrario a lo que comúnmente se enseña, la Biblia si nos amonesta a juzgar, pero si lo vamos a hacer debemos estar listos para ser juzgados por los demás. Si vamos a juzgar debemos hacerlo rectamente.

No podemos pretender en los demás algo que no cumplimos nosotros *mismos. Mateo 7:2: Porque tal como juzguen se les juzgará, y con la medida que midan a otros, se les medirá a ustedes. Juan 7:24 "No juzguen por las apariencias; juzguen con justicia."*

Disfrute su soltería: Para ser felices casados, tenemos que ser felices estando solteros. **Eclesiastés 11:9** *"Gózate joven en tu juventud, y deja que tu corazón se goce en ella..."* No podemos amar a alguien más si no aprendemos a amarnos a nosotros mismos. Ni podemos esperar de alguien más algo que no estamos dispuestos a hacer nosotros mismos.

También hay tres llaves valiosas para alcanzar la felicidad que están en este versículo que acabamos de mencionar. Eclesiastés 11:9 continua diciendo: *"y camina en los caminos de tu corazón y en la vista de tus ojos, pero recuerda que de todo ello Dios te pedirá cuentas."*

La primera llave es saber que todas las cosas me son permitidas, pero no todo conviene ni es de provecho para nuestras vidas. 1 Corintios 6:12 dice: "Todas las cosas me son lícitas, mas no todas **convienen**; todas las cosas me son lícitas, mas yo no me dejaré dominar de ninguna."

El joven debe estar consciente de que Dios le pedirá cuentas por todo lo que haga. Gozarse en la juventud no es descarriarse ni alocarse. Es disfrutar la soltería al máximo según los preceptos, principios y valores morales determinados por Dios en Su palabra.

La segunda llave continúa más adelante donde dice: *"Quita la tristeza de tu corazón y quita el mal de tu carne:"*. Un joven que vive amargado y en pos de las concupiscencias y deseos de su corazón, jamás alcanzará la victoria. Es necesario desechar toda amargura y tristeza. El perdón y el dominio propio son la clave de una vida plena y llena de éxitos.

La tercera llave es saber que la juventud es pasajera y que solo dura por un momento: "*pues la niñez y la juventud son vanidad (הבל hebel)*." En el Hebreo la palabra hebel significa: suspiro, vapor. En otras palabras: la niñez y la juventud se evaporan rápidamente...son pasajeras; por eso se deben evitar acciones y decisiones que nos afectarán por el resto de nuestras vidas.

Eclesiastés 12:1 "Acuérdate de tu Creador en los días de tu juventud, antes que vengan los días difíciles." Efesios 4:22-32 "Desháganse de su vieja naturaleza que está engañada por sus malos deseos. Ustedes deben renovarse en su mente y en su espíritu, y revestirse de la nueva naturaleza, creada según la voluntad de Dios y que se muestra en una vida recta y pura, basada en la verdad. Por eso, ya no mientan más, sino diga cada uno la verdad a su prójimo. Si se enojan, no pequen, y procuren que el enojo no les dure todo el día. No le den oportunidad al diablo. El que robaba deje de robar y póngase a trabajar..."

Sea usted la persona correcta: la mayoría de personas se esmeran por encontrar a la pareja perfecta y a la persona ideal, sin detenerse a pensar que ellos mismos deben ser esa persona ideal. Antes de buscar a la persona de sus sueños, esmérese por ser la persona de los sueños de alguien más. Todo varón debe esmerarse por ser esa cabeza y líder ideal y toda mujer debe esforzarse por ser la ayuda idónea ejemplar.

Si usted es uno de los que tiene una lista de "requisitos" con respecto a su futura pareja, revise cada uno de esos puntos y pregúntese: ¿Cumplo yo con todos esos puntos? ¿Si usted tuviera que escoger a una persona con la cual vivir el resto de su vida, se escogería a usted mismo?

Sea una persona sujeta: Esto aplica para ambos: hombre y mujer. Comience siendo sujeto y honrando a sus propios padres. Todo joven debe tomar en cuenta el mandamiento que Dios dio desde el principio. Este mandamiento tiene la promesa de una larga vida, para aquellos que honren y respeten a sus padres.

"Honra a tu padre y a tu madre para que vivas una larga vida en la tierra que te da el Señor." **Éxodo 20:12**

Si un hombre no decide sujetarse a sus padres, más adelante no se sujetará ni a un jefe, ni a una autoridad ni a un pastor. Si la mujer no se sujeta a sus padres, jamás se sujetará a su esposo. Y si ambos no le dan cuenta a alguien mientras estén solteros, cuando estén casados serán llaneros solitarios.

El principio de la sujeción en la pareja es de suma importancia para mantener una relación sana y correcta. En la sujeción hay bendición.

No se desespere: Pablo aconsejó en I Corintios 7 que es mejor no casarse; pero debido a las inmoralidades sexuales cada uno debe tener su propia esposa y cada mujer su propio esposo. No habla de tener novia, sino algo estable y duradero: una pareja matrimonial.

A los solteros Pablo les dijo que sería bueno que se quedaran sin casar, pues los que se casan tienen problemas materiales que él quería evitarles; pero si no pueden controlar su naturaleza, entonces que se casen; pues más vale casarse que consumirse de pasión. Pablo decía esto no para poner restricciones sino para que los jóvenes vivieran de una forma digna, sirviendo al Señor con toda dedicación.

Controle sus pasiones: Como ya vimos, amor y enamoramiento no son lo mismo. El amor sabe esperar y sabe dominarse. La pasión no espera ni se controla. I Tesalonicenses 4:3 *"Absténganse de la fornicación. Que cada uno de Ustedes sepa controlar su cuerpo* Y todo lo que hagan o digan, háganlo en el nombre del Señor."...en santificación y honor, no en pasión de concupiscencia como los gentiles que no conocen a Dios..."*

I Corintios 6:18 *"Huyan de toda inmoralidad. Cualquier otro pecado no afecta su cuerpo, pero el que comete inmoralidad sexual peca contra su propio cuerpo. No saben Ustedes que su cuerpo es Templo del Espíritu Santo? Ustedes no son sus propios dueños pues Dios los ha comprado por un precio. Por eso deben honrar a Dios con su cuerpo."*

Sea amigo: Hoy en día los jóvenes se saltan esta etapa, y es la etapa más importante de todo el proceso. Es aquí cuando de manera objetiva se va conociendo a la otra persona realmente y se pesan las actitudes del carácter y temperamento. Esta etapa es eficaz para tomar decisiones trascendentales con respecto al matrimonio.

También considere si su futura pareja tiene amistades duraderas y de mucho tiempo, ya que eso demuestra que es una persona fiel, capaz de desarrollar honestidad y resolución de conflictos.

También analice si dicha persona tiene un trabajo estable y relaciones de trabajo duraderas. Y lo más importante: ¿tiene esta persona una relación cercana con Dios y con los miembros de una iglesia? Esta es una clara indicación de su amor y pasión por Dios

Sea un cristiano comprometido: Deje que su compromiso hacia Cristo sea reflejado en su vida diaria. Que tu luz sea mostrada a todos (2 Cor. 6:14) Su futuro compañero deberá también estar impaciente por conocer más de Dios, disfrutar yendo a la iglesia, disfrutar sirviendo a otros y ser un miembro fiel y diligente en su iglesia y comunidad.

Algo muy importante es que él o ella debe querer reconocer sus faltas y exponerlas delante de Dios y sus líderes. [Pr. 3:11-12; Pr. 1:5-7; Rom. 13:1-5; Lc. 7:6-10]

Ni ella ni él tienen que ser perfectos, pero si abrazar realmente el fuego y deseo de ser más como Jesús, sin importar el costo!

Prepare una dote: En la cultura judía, ambos partidos tenían una dote. Una dote es el dinero o propiedad traída por los novios al matrimonio. Hoy, esto significaría que un marido podría comprar probablemente una casa al mismo tiempo cuando su esposa podría amueblarla (la cantidad equivale a los salarios de tres años de cada uno). [Romanos 13:7-8] la responsabilidad de la dote de la esposa estaba con su padre. Esto era su bendición para su matrimonio.

El concepto de dote ha sido ampliado para incluir el carácter. No podemos dejar el carácter de lado. Esto significa que, de la misma manera que casarse teniendo una deuda financiera importante sobre su cabeza es imprudente, también lo es casarse con una deuda emocional enorme sobre si. Cuestiones como: la falta de perdón, amargura, abuso y lujuria tienen que ser tratadas antes del matrimonio.

De lo contrario el matrimonio podría ser simplemente el resultado del tratar de llenar ciertas necesidades en un compañero en vez de encontrarlas en Dios. La perfección no es necesaria, pero un deseo de cambiar si lo es, como lo es mostrar un compromiso hacia ese cambio.

[Eclesiastés 11:9; Romanos. 13:5; 1 Timoteo. 3:8-11; 1 Pedro 3:15-17]

La dote

La Biblia habla de tres tipos de dote que equipaban a la pareja hacia su nueva vida de casados:
MOHAR (regalo para el padre como compensación por los años de crianza con respecto a la hija. Además es una muestra de su interés por esa hija. Quien ponía el precio de esa dote era el padre)
MATTAN (regalo del novio a la novia: el velo, la lámpara y el ketubah. Todo esto de acuerdo con las posibilidades del novio)
SHILUHIM (regalo del padre a la novia) Los hijos suceden a los padres, las hijas lo dejan. Consiste en los regalos que el padre le da a su hija como parte de la herencia entre los hermanos.

> **Cuando se tienen muchos novios y se practica el sistema de citas, lo que se está haciendo es dividir la dote entre muchos, cuando se supone que es para UNO solo.**

También existe una dote espiritual y otra interna. La dote interna tiene que ver con todas las cualidades del carácter: honradez, fidelidad, y habilidad para servir.

Esta dote es de suma importancia y su futura pareja la apreciará. La dote externa incluye, por otro lado, el aspecto financiero, la carrera y el trabajo. Bíblicamente, es el deber del hombre el proveer para su esposa e hijos como lo dice 1 Timoteo 5:8

Aunque la esposa puede ayudar a su marido en la ardua tarea de sostener el hogar financieramente, es más importante su dedicación a los hijos sobre todo cuando estos están pequeños. Es importante hoy en día que ambos trabajen y que estudien, pero la prioridad número uno conforme a la palabra de Dios (no de la sociedad) es que cada uno cumpla con el papel que le corresponde: el hombre como cabeza o guía y la mujer como ayuda idónea. (nunca al contrario)

Capítulo Octavo

Preguntas y Respuestas

Preguntas y Respuestas

Hemos dedicado este capítulo a contestar preguntas que hemos recibido en diferentes seminarios juveniles y a través de nuestra pagina en internet. Muchas de estas interrogantes pueden ser las mismas que puedes estar teniendo.

¿Tengo que estar enamorado para saber que la persona con la que estoy es la pareja correcta para mi?

La mayoría de las personas piensan que tienen que estar "enamorados" para poder casarse, y que si no lo están entonces significa que esa relación no es idónea para ellos. Esto es un mito. Las parejas que basan su relación matrimonial solamente en sus emociones y sensaciones, están sentenciando el futuro de su matrimonio. Por esa razón, muchas parejas se divorcian antes del tercer año de haberse comprometido en matrimonio. Y muchos llegan a pensar "me equivoqué de pareja", "esta no es mi alma gemela", "Dios tiene a alguien mejor para mi". Todas estas aseveraciones son completamente FALSAS. Dios respeta la pareja que TU escogiste, y delante de Sus ojos, tu matrimonio es sagrado y no se puede deshacer.

La falta de "amor romántico" NO es una causal para un divorcio, pero si puede causar desánimo y frustración cuando la persona no entiende que el amor romántico es pasajero. Ese no es el verdadero amor.

En griego existe una palabra para el amor apasionado, desmedido y vivo. La palabra es: EROS. Este tipo de amor es un deseo apasionado y sin control. Es el enamoramiento. Es el tipo de amor del que la sociedad habla; pero no es el tipo de amor que Dios espera de nosotros. No aparece ni se menciona en la Biblia vinculado a la relación de pareja. Es el amor lujurioso, erótico y sin control.

Mi novia no es cristiana pero yo espero que ella acepte al Señor y me acompañe a la iglesia. ¿Estoy mal en orar para que eso suceda?

No está mal que ores para que ella acepte al Señor. Lo que está mal es la intención por la cual oras. Los noviazgos "misioneros" no existen y van en contra de la palabra de Dios. El Apóstol Pablo dice en II Corintios 6:14 *"No se unan en un mismo yugo con los que no creen..."* Toda persona tiene un yugo (espiritualmente hablando) sobre sus lomos. El inconverso tiene el yugo del pecado y la maldición sobre sí (la maldición de la ley Deuteronomio 28) y al casarse con un creyente, le estará colocando ese yugo sobre sus espaldas. Es un yugo más pesado del que puede soportar. Recordemos que el creyente tiene el yugo de Cristo, quien dijo: *"Pongan sobre Ustedes mi yugo, y aprendan de mí que soy manso y humilde, porque el yugo que les pongo y la carga que les doy a llevar son ligeros."* Mateo 11:28-30. Además, el inconverso inclinará el corazón del creyente hacia otras cosas que ocuparán el lugar de Dios; y toda cosa que ocupa Su lugar es idolatría y es pecado. Una pareja en yugo desigual es como una yunta de bueyes que son diferentes. Cada uno querrá seguir su propia dirección. Se rozarán el uno al otro, se herirán hasta que llegue el momento de una separación. Dios demanda obediencia más que los sacrificios. Obedece el mandato de Dios y recibirás bendición. No te sometas al yugo de la esclavitud. **Gálatas 5:1**

¿En qué libro de la biblia se habla del noviazgo?

En ninguno. El noviazgo no existe en la Biblia. El sistema de citas y de los "novios" fue una invención de la sociedad donde vivimos. La Biblia sin embargo nos enseña con respecto a Compromiso con fines serios para casarse.

Mis padres no son cristianos y no se involucran en mi relación de noviazgo. ¿Qué debo hacer?

Si los padres rechazan participar en el proceso de noviazgo, usted podría entonces buscar a otras autoridades espirituales en su vida, como el pastor o líder juvenil. Lo que es necesario es que sea alguien que le conozca bien, y que pueda protegerle "de candidatos no calificados" y que pueda ayudarle a construir una relación con la persona correcta. Permita que su noviazgo se convierta en un ejemplo muy influyente a sus padres inconversos.

Mis padres no están de acuerdo con mi relación de noviazgo, aunque todos somos cristianos. ¿Qué hago?

Tenemos que entender que cuando nos casamos, involucramos también a la familia. De este modo, si el novio, la muchacha y las autoridades espirituales sienten que deberían casarse, pero sus padres todavía no lo creen, entonces tomen el caso y preséntenselo a Dios. Platique y escuche a sus padres y averigüe la razón por la cual están en desacuerdo. La comunicación es primordial.

¿Es necesario tomar en cuenta a los padres?

Definitivamente que si. Los padres deben ser tomados en cuenta y seguir su consejo. Basados en la guía de Dios, los padres, junto con los hijos, inician el proceso de cortejo comprometido. Cuando ambos hijos se someten a este proceso, son "prometidos en matrimonio" una vez que todas las dudas sobre compatibilidad han sido tratadas y se han dado a la tarea de fomentar primeramente una amistad.

El padre de la muchacha debe ser un líder espiritual fuerte, que pueda discipular a su yerno. De acuerdo con su relación padre-hija, el papá debe conocerla a tal punto de saber lo que ella quiere y a través de su discipulado hacia su yerno se dará cuenta si el futuro "novio" cumple con las características deseables.

¿Cuánto tiempo después de haber sido hecho el compromiso es prudente casarse?

Después de que los esponsales se comprometen viene el matrimonio. Cuando el compromiso del matrimonio ha sido hecho, la pareja es libre de expresar sus emociones. Recuerde que si usted está emocionalmente implicado desde el principio no será capaz de tomar la decisión correcta.

Por otro lado, es recomendable que la fecha para el matrimonio sea fijada dentro de los próximos seis meses. Más de ese tiempo es riesgoso para la pareja porque pueden caer en tentación.

¿Qué se debe hacer si uno de los dos cristianos es divorciado, se puede continuar el compromiso para casarse?

Esencialmente, nuestra convicción es que el matrimonio es un convenio para toda la vida. Que es irrompible y que no se puede deshacer. *"Hasta que la muerte nos separe"* Romanos 7:2-3 Marcos 10:9 dice: *"que lo que Dios ha unido no lo separe el hombre"*.

La única "razón" de peso para llevar a cabo un divorcio es la causal por "PORNEIA". Aunque hoy en día, igual que en los tiempos de Jesús, la gente se divorcia por cualquier causa.

La única "razón" de peso para llevar a cabo un divorcio es la causal por "PORNEIA". (palabra usada en el original griego del Nuevo Testamento y que ha sido traducida: "fornicación")

1. Si un marido cristiano o la esposa descubren que su compañero ha cometido PORNEIA, el cónyuge que es inocente se le es permitido divorciar al cónyuge ofensor y algunos opinan que puede volver a casarse. Sin embargo esto NO lo dice claramente la Palabra de Dios.

2. ¡Si el cónyuge no creyente abandona al cristiano (no viceversa!), entonces la parte creyente es libre para divorciarse; pero no debe iniciarlo. Solo bajo estos dos puntos el divorcio es lícito. El matrimonio es SAGRADO delante de Dios, sea creyente el cónyuge o no. Esto es más delicado de lo que se ha enseñando por años en la iglesia; por eso el divorcio hoy en día es tan común.

"**Todo** el que repudia a su mujer (se divorcia) y se casa con otra, adultera; y el que se casa con la repudiada del marido, adultera." Lucas 16:18

Todo (πᾶς: cualquiera, todo aquel) el que se divorcia (ἀπολύω: se separa con divorcio) y se casa con otra adultera. Jesús fue muy claro: TODO EL QUE SE DIVORCIA Y SE VUELVE A CASAR COMETE ADULTERIO. Estas palabras parecen muy fuertes, e imposibles de cumplir, por eso el matrimonio es una decisión de todos los días, y no tiene que ver con lo que sentimos. En el Nuevo Testamento *no dice* en ninguna parte que el divorciado puede volver a casarse, aunque muchos lo impliquen. Dice claramente que: "se quede sin casar". 1 Corintios 7:11.

"Le dijeron sus discípulos: --Si así es la condición del hombre con su mujer, no conviene casarse. Jesús dijo: --No todos son capaces de recibir esto, sino aquellos a quienes es dado... El que sea capaz de recibir esto, que lo reciba." Mateo 19

Hoy en día se agregan muchas causas "válidas" para el re-casamiento, de acuerdo con su propia opinión pero que no están basadas en la palabra de Dios. Muchos también dicen que si antes de conocer al Señor alguien estuvo casado y se divorció puede volver a casarse pero NECESARIAMENTE su pareja debe ser cristiana.

De nuevo, esto es un asunto de conciencia entre Dios y la persona involucrada. Nuestro deber es enseñarle a usted lo que dice la Biblia al respecto, pero usted es quien toma la decisión.

Si el nuevo creyente no se separó legalmente de su pareja, sigue estando ligado legalmente a esta pareja. Por lo tanto, si se une con otro/a hay ADULTERIO. Si el creyente entonces se "une sexualmente" a otra pareja, estarán en adulterio.

Si usted es divorciado y no se ha vuelto a casar, solamente pese las dos causales que da la palabra para estar libre y volver a casarse. *Y si a pesar de todo, usted siente libertad en hacerlo...pues nadie lo obliga a no hacerlo. Eso quedará entre usted y Dios.*

En resumen: En el caso de que ambos esposos sean creyentes y decidan divorciarse SIN causa de PORNEIA comprobada, ambos pueden separarse pero no volver a casarse. Sólo tienen dos opciones: quedarse sin casar o reconciliarse.

El re-casamiento no está implícito en la explicación que dio Jesús, sin embargo algunos enseñan que aquellos cuyo cónyuge no creyente le abandonó, pueden casarse con tal de que este nuevo casamiento sea en el Señor. Pero si es entre creyentes, no.

Es nuestra opinión que si alguno estuvo casado con un homosexual, lesbiana, sodomita, inmoral, pervertido, pedófilo, enfermo mental, sádico, abusador (todo esto es porneia) tiene derecho legal y bíblico de divorciarse y volverse a casar, ya que dicha persona no puede considerarse creyente.

El divorcio y re-casamiento entre cristianos no tiene base bíblica. El divorcio NO es un mandato, sino un permiso cuando está justificado.

Si Jesús sólo menciona el divorcio por causa de PORNEIA, ¿que debe hacerse cuando hay maltrato físico o mental, y otras situaciones delicadas, como incesto de parte de uno o ambas partes de la pareja? Porneia incluye estas aberraciones y considera a dicha persona como inmoral. El abusador, pedófilo, y adúltero también entran en esta categoría. Sin embargo, fuera de estas situaciones, 1 Corintios 7: 10-16 dice que hay posibilidad de separarse, pero no de divorciarse (en el caso de que ambos sean cristianos), y si se divorcian, que se queden sin casar. La mujer o el hombre deben quedarse en la condición de separados hasta una posible reconciliación o muerte de una de las partes.

Porneia viene de la raíz πορνεύω que significa prostituirse, practicar relaciones ilícitas e incestuosas (entre parientes cercanos 1de Cor. 5: 1; Hechos 15: 28-29, Lev. 17-18 y 20) , entregarse a la adoración de ídolos, pecados contra naturaleza: Judas 6-7 ; Rom. 1: 26-27. Porneia debiera traducirse como depravación, degeneración, prostitución sexual. Porneia son las relaciones incestuosas, la prostitución y las relaciones sexuales contra natura como la homosexualidad, el lesbianismo, el bestialismo y la pedofilia. Porneia también es idolatría y abuso.

PORNEIA no es sinónimo de adulterio ni infidelidad sexual. Si Jesús hubiese querido decir "infidelidad sexual" de los cónyuges, habría usado el término adulterio (moijeia) y no porneia. Jesús no se pronunció a favor de la escuela de Shammai y por ende no favoreció el permiso de Moisés. "Porneia" indica un grado de desviación sexual mucho más grave que la fornicación y el adulterio.

¿Qué signos de alerta o conductas inadecuadas debo tomar en cuenta para rechazar casarme con mi pareja?

En el noviazgo somos presos de la ilusión: se cree que todo será color de rosa. No se ha experimentado la convivencia diaria, los roces diarios, los defectos diarios. Si usted nota comportamientos inadecuados en su pareja antes de casarse, seguramente se intensificarán durante el matrimonio. Por eso es importante no involucrar las emociones antes de estar comprometidos en matrimonio, porque de lo contrario no podrán tomar las decisiones correctas pues los sentimientos se los impide. Si su futura pareja es dominadora, rebelde, abusa verbalmente de usted, le ofende, le trata mal, le golpea, tiene celos desmedidos, flirtea con otros, miente, tiene hábitos tales como: el alcohol, el cigarrillo, drogas, pornografía etc esta pareja NO LE CONVIENE. Usted debe renunciar a esta relación. La Biblia dice que si alguno llamándose hermano practica tales cosas, con ese no nos juntemos. Por otro lado, si el prospecto en matrimonio es un no– creyente en Jesús y no ha nacido de nuevo, la respuesta es un rotundo NO.

¿Es el sexo prematrimonial tan malo como el adulterio y por qué?

El sexo antes del matrimonio es tan malo como el adulterio y otras formas de inmoralidad sexual, porque todos ellos involucran tener sexo con alguien con quien no se está casado. El sexo entre ESPOSOS es la única forma de relación sexual que Dios aprueba (Hebreos 13:4).

¿Casarse en yugo desigual significa casarse con una persona de diferente raza o cultura?

Todos somos descendientes del primer hombre Adán y su esposa Eva. Todos pertenecemos a una misma raza. Lo que la Biblia prohíbe en 2 Corintios 6:14 es el matrimonio de un creyente en Jesús con uno que no es creyente ni nacido de nuevo. Sin embargo, es importante tomar en cuenta las diferencias culturales por el bien de la relación, llegando a un acuerdo sobre cómo van a manejar su hogar en el futuro y cómo van a criar a los hijos nacidos de ese matrimonio.

¿Una pareja que ha tenido relaciones sexuales, pero que no ha observado ninguno de los otros aspectos del pacto matrimonial, está casada?

No es bíblico declarar que una pareja que ha tenido relaciones sexuales, pero que no ha observado ninguno de los otros aspectos del pacto matrimonial, esté casada. Escrituras tales como 1 Corintios 7:2, indica que el sexo antes del matrimonio es inmoral. No hay absolutamente ninguna base bíblica para que una pareja que tenga sexo sin estar casada, pueda declararse a sí misma como casada, y por lo tanto declarar que sus relaciones sexuales sean morales y honren a Dios.

¿Qué es ser "ayuda idónea"?

La palabra "ayuda idónea" en hebreo es "ezer" y viene de la raíz primitiva de significa ayudar, asistir o auxiliar. Eva fue creada para estar al lado de Adán como su "otra parte", su "complemento".

¿Pueden existir relaciones románticas que sean destructivas?

Claro que sí. Un 40 % de las jovencitas, entre los 14 a 17, conocen a alguien de su edad quién ha sido golpeado por su compañero. Casi el 80% de muchachas que han sido abusadas físicamente en sus relaciones íntimas continúan con su abusador. La Biblia dice que somos el templo del Espíritu de Dios y que debemos cuidarlo, por lo que no debemos permitir que alguien nos maltrate.

¿A qué edad puedo tener una novia?

A partir de los 20 años ya se sabe un poco más lo que se quiere, se está en una universidad o en un trabajo lo cual quiérase o no nos hace madurar. Claro que también hay casos de personas que comenzaron su noviazgo a corta edad y terminó en un feliz matrimonio, pero son casos aislados y donde Dios intervino. Cada caso es diferente, pero con la guía de los padres y los guías espirituales todo puede darse correctamente. El noviazgo debe ser visto como AMISTAD. La amistad debe ser la base de todo noviazgo, así como también de todo matrimonio.

¿Son malos los besos en el noviazgo?

La Biblia habla de los besos y se refiere al mismo como "ósculo santo" en relación a los besos fraternales entre hermanos en Cristo (1 Pedro 5:14 y Romanos 16: 16). Pero ¿Cuando un beso se convierte en impuro? dependiendo de la intención con la que se besa ¿es para demostrar afecto, cariño y amor o la intención del beso es la excitación de alguna u otra parte del cuerpo?, ahí es donde se convierte en impuro puesto que estos besos están reservados solamente para el matrimonio.

¿Qué caricias son permitidas durante el cortejo? (Filipenses 1: 27)

Tu cuerpo responderá a las estimulaciones, ya que son necesidades naturales, pero dichas necesidades solo pueden ser satisfechas en el matrimonio. En un noviazgo no deberían darse ya que aun no están en un matrimonio unido por Dios. Tales caricias pueden llevar a la pareja a la fornicación y la lascivia. Cada quien debe respetar su propio cuerpo y el de su novio-a, ya que la palabra de Dios dice que somos morada del Espíritu Santo de Dios. En el noviazgo según Dios además del respeto total, y de amor desinteresado, existen elementos como la edificación, la ministración, la oración mutua, el servicio, etc. Ambos son capaces de buscar tiempo para ellos, SIN SACRIFICAR EL TIEMPO DE DIOS Y DE SU OBRA.

¿Si mi pareja me pide que tengamos relaciones, que debo hacer? (1 Tesalonicenses 5: 22)

En primer lugar si tu novio te hace esa propuesta es porque a lo mejor no te quiere sino que solo busca satisfacer sus deseos carnales. Tienes que abrir tus ojos y darte cuenta que esa persona no es para ti, porque te está motivando a realizar algo que está en contra de la voluntad de Dios. El verdadero amor sabe esperar y no despierta deseos carnales fuera de tiempo.

Me gusta la novia de mi amigo y creo que yo también a ella ¿que debo hacer? (1 Pedro 3: 15)

Casos como estos no terminan en nada bueno. Éxodo 20 nos da un mandamiento: "No codiciarás la casa de tu prójimo: no codiciarás la mujer de tu prójimo, ni su siervo, ni su criada, ni su buey, ni su asno, ni cosa alguna de tu prójimo."

Si en el noviazgo tu no eres capaz de respetar la novia de alguien más, en el futuro no respetarás la esposa de alguien más. Además, tu amistad con tu amigo está por encima de cualquier mujer que pueda gustarte. Si deseas que los demás te respeten, tu debes respetar. Tu deber es exhortar a la novia de tu amigo y como todo un hombre de Dios: retirarte. Esa muchacha no es digna ni de tu amigo ni de ti. Lo que le hizo a el, lo repetirá también contigo.

¿Tengo que notificarle a mi pastor el hecho de que estoy saliendo con alguien como novios?

Primeramente debes informar a tus padres, y definitivamente comunicarle a tu pastor o a tu autoridad más cercana con respecto a tu relación, para que ellos puedan orientarte de cómo llevar tu noviazgo en bendición. Recuerda que Dios ha puesto autoridades espirituales para poder ser de bendición a tu vida y para darte consejos que aunque muchas veces no nos gusten tendrán respaldo de parte de Dios, por ser las autoridades puestas por El.

Si la persona con quien quiero formalizar una relación pertenece a otra congregación, puedo continuar con este vínculo?

Lo más importante es que dicha persona ame a Dios más de lo que te ama a ti. Si tu eres mujer, debes entender que si llegaras a casarte, deberás congregarte donde tu marido se congrega, o al menos llegar a un mutuo acuerdo con respecto a esto. Especialmente si ambos son servidores fieles en sus respectiva iglesias. Pero en general, el pertenecer a congregaciones diferentes no es un problema. Problema sería si pertenecieran a religiones distintas, porque allí si estarían en yugo desigual.

Mis amistades me presionan para que tenga novio ¿que debo hacer?

Un verdadero amigo nunca te presionará a hacer algo que no quieres hacer. No debes ceder a la presión puesto que de otra manera caerás en el error y luego las consecuencias pueden ser funestas. Puedes terminar con un corazón destrozado, un alma herida, resentimiento, rencor, etc. Si tu no quieres tener novio aun porque quieres esperar el tiempo de Dios entones obvia las presiones y mantente puro y esperando lo que vendrá a su debido tiempo.

¿Qué actividades podemos tener para cultivar la amistad con vías a un cortejo según Dios?

- Paseos por la naturaleza
- Hacer ejercicio
- Hacer deporte juntos
- Juegos de ping pong
- Leer un libro juntos
- Visitar algún museo, o lugar histórico
- Cocinar juntos para la familia
- Salir a pasear con los padres
- tomar fotografías
- Visitar a un amigo o un enfermo
- Involucrarse en obras sociales y en la iglesia

Lo importante es que durante dichas actividades, involucren a otros. Nunca salgan solos.

¿Cuánto tiempo toma darse cuenta realmente de cómo es la otra persona?

Generalmente el tiempo para conocer bien a alguien son 2 años. En ese tiempo se conoce la voluntad, el carácter, sentimientos y entrega espiritual de la persona. Sólo faltaría el cuerpo. Y esto es para el matrimonio.

Tengo 14 años y deseo tener novio porque todas las chicas de mi edad lo tienen. ¿Qué debo hacer?

A esta edad, los sentimientos se confunden fácilmente y el nivel de madurez es muy bajo. Un joven o jovencita a esa edad no está preparado ni mental, emocional ni físicamente para sobrellevar este tipo de relación. Los varones a esa edad solamente tienen en mente los juegos y el sexo. Su cuerpo está desarrollándose y los niveles hormonales hacen que las pasiones afloren. Las jovencitas por otro lado, buscan ser escuchadas, comprendidas y amadas y todo su enfoque está en las emociones, estando muy propensas a ser heridas.

Los jóvenes a esta edad no están listos para el compromiso, solo para la diversión.

La recomendación es concentrarse en los estudios y en esas relaciones de amistad que hacen la vida a esa edad más emocionante. Disfrute su soltería, y viva la vida plenamente, de manera sana y sin prisas. Hay un tiempo para todo.

Estoy enamorado de una mujer que ya está comprometida. ¿Qué hago para saber si debo luchar por esta relación?

La palabra de Dios nos enseña que un compromiso para casarse es tan serio como el matrimonio mismo. Al decir que una persona está comprometida en matrimonio, es que la decisión que ha sido tomada es seria.

Deuteronomio 5:21 nos enseña: "No codiciarás la mujer de tu prójimo"

Además, si ella ya está comprometida con otro, quiere decir que dio el SI a ese otro y que no tiene intención de estar con usted, a menos que encuentre incompatibilidad o falta moral en la relación. Pídele ayuda a Jesús en oración y Él te indicará lo que debes hacer.

¿Cómo voy a saber cuál es la persona que Dios tiene para mi?

Dios respeta tu voluntad. Quien busca pareja eres tu. Es un mito mal enseñado desde hace muchísimos años que dice que Dios tiene a alguien reservado para ti. Dios no reserva personas, pero puede guiarte a hacer la mejor escogencia. No pidas señales sobrenaturales.

Déjate guiar por la palabra de Dios que te dará paz para escoger a la persona que te ayudará a llegar al propósito de Dios en tu vida. Aquella persona que te complemente y te lleve a ser una mejor persona en Cristo, es el candidato correcto.

¿Debo orar antes de entrar a un noviazgo?

Por supuesto. La oración es vital. Uno no entra en una relación de noviazgo para probar o ensayar. La oración es la que determinará y dará a conocer tanto las fallas como las cosas positivas en esa relación. La oración ayudará a discernir y a recibir guía de parte de Dios. Una vez tomada la decisión de entrar en un "noviazgo" debe ser para llevar a cabo un "noviazgo con compromiso" con vías al matrimonio,

¿Cuál matrimonio es válido, el matrimonio civil o el matrimonio religioso ?

Desde hace mucho tiempo han existido ambos. *(El ketuba era el documento civil utilizado)* Sin embargo, un ministro evangélico no puede casar a una pareja sin que exista el matrimonio civil primero. De la misma manera un ministro o pastor evangélico no puede casar a una pareja que tiene un matrimonio civil anterior vigente, porque de llevar a cabo otra boda se consideraría bigamia. Por eso es importante revisar las leyes de cada país. La ceremonia religiosa es un acto por medio del cual se bendice la unión de dos personas que ya están legalmente unidas por matrimonio.

En nuestros países realizar una boda religiosa sin el acto civil aprobado por las leyes del hombre va contra la ley. También, muchos consideran que el matrimonio religioso ante Dios y los testigos solamente puede realizarse una sola vez. Ultimadamente, solo Dios conoce nuestros corazones y El sabe cuando hay un matrimonio verdadero o una justificación para cometer inmoralidad sexual.

¿Cuál matrimonio es más importante delante de los ojos de Dios, el matrimonio civil o el matrimonio religioso?

Esta es una pregunta muy común. La respuesta conforme a la Biblia es que AMBOS matrimonios son válidos delante del Señor. Si Dios no viera el matrimonio civil como válido, el apóstol Pablo no habría escrito lo siguiente: *"porque el marido no creyente es santificado por la mujer; y la mujer no creyente, por el marido. De otra manera vuestros hijos serían impuros, mientras que ahora son santos"* La Biblia insta a estas parejas a que no se separen del cónyuge que no es creyente. La Biblia nos enseña en I Corintios 7:12-16 que el cristiano no se debe divorciar del cónyuge incrédulo. Esto es la evidencia clara que usted está bajo la voluntad completa de Dios. Algunos de los cristianos de Corinto pensaron que como se casaron con no cristianos, entonces sus matrimonios fueron contaminados y fueron rechazados por Dios. Pablo les dijo en 1Cor 7:14 lo contrario: que el esposo incrédulo y cualquier niño nacido de esa unión fueron santificados por Dios a causa de la parte cristiana. Sin embargo el creyente debe hacer ambas cosas: tener su matrimonio legal en orden y realizar su ceremonia religiosa como testimonio público de esa unión, obteniendo así la bendición de Dios.

En resumen: 1) Mientras las exigencias sean razonables y no contra la Biblia, una pareja deber buscar cualquier reconocimiento gubernamental formal disponible. 2) una pareja debe seguir cualesquiera prácticas culturales y familiares típicamente empleadas para reconocer a una pareja como "oficialmente casada." 3) de ser posible, una pareja debe consumar el matrimonio sexualmente, realizando el aspecto físico del principio "de una sola carne"

¿Qué son las citas? ¿Está esto en la Biblia?

El sistema de citas consiste en ir a buscar compañía con el fin de socializar. Esta práctica de salir en citas fue inventado a principios de siglo pero antes de ese período el matrimonio siempre iba acompañado de la intervención de los padres y las "relaciones de ensayo" no existían. En general, el noviazgo acontecía sólo una vez y finalizaba con una relación larga de por vida: el matrimonio. El sistema de citas NO está en la Biblia. *Para ampliar esta respuesta busque en la página 14.*

¿Existía en los tiempos Bíblicos algún contrato escrito entre los esposos?

El servicio matrimonial bíblico que Dios instituyó (Romanos 9:4; Hebreos 9:1; 1 Crónicas 28:11-12), consta de dos etapas. La primera es el compromiso, llamado *erusin* en hebreo. Uno entra en esta primera etapa del matrimonio tan pronto como se lleva a cabo un contrato de compromiso matrimonial (*shitre erusin*) entre ambas partes.

El contrato escrito es llamado un *ketubah*. Durante la ceremonia de compromiso, uno se considera legalmente casado, pero sin cohabitar con la pareja. El compromiso es considerado legalmente vinculante, a tal punto que para salirse del compromiso se necesita de un divorcio, llamado *get* en hebreo. *Para ampliar esta respuesta busque en la página 36.*

¿Qué debo hacer si mi novio me fue infiel?

Donde hay infidelidad no hay amor sino que lo que está obrando es el engaño. Lo opuesto a la fidelidad es la mentira y el engaño. La fidelidad es una condición del corazón y es necesaria para cultivar la confianza en la relación de pareja.

Según el diccionario la fidelidad implica: un valor moral que faculta al ser humano para cumplir con un apoyo y compañía, basados en un mutuo respeto con su pareja. También se puede decir que es la capacidad de no engañar, no traicionar a los demás en los pactos y compromisos.

Sin embargo, Si tu novio (a) fue infiel por mandato divino tienes que perdonarlo y sacar de tu corazón esa herida que surgió en ti en el momento que te diste cuenta del engaño. Esto es muy importante para que no pierdas la confianza en las personas.

No todas las personas son infieles, ni puedes juzgarles a todos los hombres o mujeres por lo que alguien más hizo.

Sin embargo, tienes que evaluar qué tanto te conviene seguir en una relación donde ya hubo una falta tan grande como lo es la infidelidad. Si de novios ha existido infidelidad, es muy probable que en el matrimonio vuelva a suceder si ambas partes no han sido sanadas y restauradas.

El mantener los votos conyugales y el pacto matrimonial es esencial. Pídele dirección a Dios en oración, para que te de sabiduría y sepas que hacer.

¿Qué debo tomar en cuenta en mi futura pareja?

La respuesta completa la encontrara en la pagina 85 de este libro. No existe solamente un factor sino varios factores que deben ser tomados en cuenta para hacer una decisión correcta, guiados por el Espíritu de Dios y Su palabra.

Soy cristiano y mi novia aun no va a la iglesia pero yo le estoy hablando del Señor y mi fe es que le conozca para casarnos. ¿Qué debo hacer?

Primeramente, los noviazgos misioneros no existen. La meta de que su novia conozca al Señor no debe ser solamente para casarse con ella. La meta de todo cristiano es llevar a las almas perdidas a los pies de Jesús. Es muy egoísta de su parte querer convencer a una persona de seguir a Jesús, solamente para "cumplir" con ciertos requerimientos.

La palabra de Dios dice muy claramente que "NO nos unamos en yugo desigual con los incrédulos". La persona incrédula aquí APISTOS: no es la persona que no cree. Sino la que es infiel, la que no tiene confianza en Dios ni fe en El.

No basta que crea en Jesús, sino que tenga fe en EL y sea su discípulo. Luego ambos deben buscar juntos la voluntad de Dios para sus vidas y tener una misma meta en Dios como pareja. *Para mayor información con respecto a esta pregunta, vaya a la página 63*

Mi novia y yo somos cristianos y ambos servimos en la iglesia y queremos servir a Dios juntos. Este noviazgo es para casarnos. ¿Como debemos llevar nuestro noviazgo?

Cuando dos hijos de Dios han tomado la decisión de mantener un noviazgo con compromiso, deben de tomen en cuenta lo siguiente:

1– Primero permitan que personas ajenas a ustedes "hablen" a su relación. Es necesario darle cuentas a Dios por medio de nuestras autoridades terrenales. Sobre todo a los padres y a los pastores. Permitan que los demás les corrijan, dado el caso, y que les ayuden a mantener un noviazgo que agrade a Dios.

2- Su relación debe dar un buen testimonio delante de Dios y delante los hombres (Hechos 24:16).

3– Su relación y manera de comportarse no debe hacer tropezar a otra persona (Mateo 18:6-7, Romanos 14:13-21, 1 Corintios 8:9, Apocalipsis 2:14, etc.).

4- No ir a lugares o hacer cosas que den mala apariencia o den de que hablar. Si algo tiene apariencia de mal, está mal. (1 Tesalonicenses 5:22).

5- No den lugar a la tentación. Eviten los lugares donde puedan hacer algo que resulte una oportunidad para los deseos y obras de la carne (Romanos 13:14, Gálatas 5:13).

6- Eviten los lugares solitarios y a oscuras (Juan 3:19).

7– Hagan las cosas a la luz de todos, y no en la oscuridad (Efesios 5:11-14).

Es pecado delante de Dios que mi novio y yo vivamos juntos antes de estar casados? Queremos ver si esta relación funciona antes de tomar una decisión tan seria.

La convivencia sexual de dos personas solteras bajo un mismo techo sin estar casadas es pecado delante de los ojos de Dios.

En la Biblia, el término fornicación (en griego pornéia) designa todas las clases de relaciones sexuales ilícitas, es decir, las que tienen lugar fuera del marco de un matrimonio válido a los ojos de Dios.

Abarca tanto el adulterio como los actos sexuales entre un hombre y una mujer solteros, o con una persona dedicada a la prostitución. se refiere al uso indebido de los órganos genitales.

Algunos ejemplos claros serían manosear a otra persona bajo la ropa, desnudarla o acariciar ciertas partes de su cuerpo que son íntimas, como pudiera ser los pechos. Según la Biblia, ciertas muestras de cariño, están limitadas a las parejas casadas solamente (Proverbios 5:18,19.)

La voluntad de Dios es que seamos santos y que evitemos la fornicación (1 Tesalonicenses 4:1-8, 1 Timoteo 4:12, 5:22, 2 Timoteo 2:22).

El sexo, creado por Dios, es bueno (Génesis 1:31), pero sólo dentro del marco del matrimonio (Hebreos 13:4, Proverbios 5:15-23) Fuera de este contexto es pecado. La Biblia enfatiza la importancia de la pureza (1 Timoteo 4:12, Tito 1:15, 1 Juan 3:3)

La convivencia de los novios antes del matrimonio es una práctica del mundo, y no debe ser abrazada por aquellos que quieren agradar a Dios de todo corazón. Según el sociólogo Neil Bennett de la Universidad de Yale, un 80% de las mujeres que convivieron con sus parejas antes de casarse, se divorcian.

Lo mismo que una encuesta nacional donde se encontró que las parejas que viven en unión libre tienen mayor posibilidades de separarse dentro de los 10 primeros años, que las parejas que sí se casaron.

Una encuesta llevada a cabo por el concilio Nacional de relaciones familiares, encontró que los matrimonios de aquellos que vivieron en "unión libre" antes de contraer nupcias fueron menos felices que quienes se casaron sin vivir juntos anteriormente.

Dichas encuestas también encontraron que personas que tuvieron actividad sexual antes del matrimonio, son más propensas a cometer actos de infidelidad después de casarse.

Estoy enamorada de un hombre que aun no es divorciado, pero en cuanto se divorcie se casará conmigo. Estoy un poco confundida y no se qué hacer.

Lamentablemente, delante de los ojos de Dios y de las leyes del mundo, ese hombre ya tiene una responsabilidad legal con su familia. El hecho de mantener una relación con el, les pone a ambos en las puertas del adulterio y la fornicación. Un hombre que aun está casado y que mantiene un romance con alguna mujer que no es su esposa, es un adúltero. La palabra de Dios es bien clara con respecto a eso.

"Pero yo os digo que el que repudia a su mujer, a no ser por causa de fornicación, hace que ella adultere, y el que se casa con la repudiada, comete adulterio." Mateo 5:32

"Todo el que repudia a su mujer y se casa con otra, adultera; y el que se casa con la repudiada del marido, adultera." Lucas 16:18

Lo que usted debe hacer es un corte definitivo en lo que se refiere a esta relación. No sea la culpable del rompimiento de un matrimonio. Esto es abominación delante de los ojos de Dios.

¿Hay algún ejemplo de noviazgo en la Biblia?

El noviazgo, tal y como lo conocemos hoy, no existe en la Biblia. Lo que si existe es el compromiso, o noviazgo con propósito.

En el libro del Génesis, el capitulo 24, se narra la historia de Isaac y de cómo consiguió a su futura esposa Rebeca.

Este es un ejemplo claro de que el noviazgo debe tener un propósito, el del matrimonio, y que cuando existe dicho propósito la bendición de Dios estará allí.

¿Para ser verdaderamente feliz, hay que estar casado? Yo no me quiero casar todavía, ni deseo aun tener novia, pues me siento muy feliz estando soltero. ¿Qué hago?

Algunos ingenuos e inexpertos creen que para ser felices tienen que estar casados, que la soltería es una carga y que sólo los casados conocen realmente lo que es la verdadera felicidad. Eso es una mentira absoluta. Hay muchos ejemplos en la Biblia de hombres que servían a Dios y que no estaban casados, comenzando por Jesús mismo.

El casarse no te hace completo. Lo que te completa es tener a Jesucristo en tu vida. El matrimonio no completa a nadie sino que le complementa, algo muy diferente.

Eso de buscar a la otra mitad, es erróneo.

Tu no te casas con una persona a medias, te casas con una persona completa. Cuando se es feliz estando soltero, no hay duda de que será feliz estando casado.

No sienta presión en casarse. Todo tiene su tiempo. Es necesario estar completo en todas las áreas: emocional, física y espiritual, antes de unir su vida junto a otra persona para siempre.

Adán, por ejemplo, pasó algún tiempo solo disfrutando de su soltería. Cuando Dios hizo a Eva, el hombre estaba completo en si mismo.

Dice un proverbio chino que: «El matrimonio es como una fortaleza sitiada; los que están fuera quieren entrar a toda costa, y a los que están adentro les encantaría muchísimo salir de ella».

Tengo miedo a comprometerme con mi pareja y casarme porque he escuchado muchas veces que el enamoramiento se muere al casarse, ¿es esto cierto?

El enamoramiento tiende a desaparecer, pero la razón no es precisamente porque la pareja haya decidido casarse ni porque el amor haya desaparecido. Después de mucha investigación, los científicos han descubierto que no sólo el corazón está lleno de amor, sino que su cerebro también responde a ese amor porque está inundado con neuro-químicos llenos de sensación como la: dopamina y la fenetilamina. Químicamente, se refiere a la versión natural del organismo humano de las anfetaminas. Sin embargo, el efecto que tienen en el comportamiento es similar a la endorfina. Estas drogas y neuroquímicos aumentan la energía, los sentimientos de bien, la perspectiva positiva, y disminuye el dolor. Aumentan el deseo sexual. Este químico es lo que permite que usted se salte comidas y horas de sueño.

También le permite sentirse seguro y calmado cuando se pone ansioso. Calma la depresión y le ayuda a tener mayor energía para ver las cosas positivamente. Es por esa razón que pensamos que el causante de todos estos sentimientos es la otra persona, sin darnos cuenta que estamos actuando "bajo influencia" de este químico cuando nos "enamoramos".

Al principio de la relación, la pareja se besaba constantemente, pasándose dichos químicos a través del beso. Al disminuir los besos, por el distanciamiento y las discusiones que surgen al convivir juntos, el químico desaparece y llegamos a creer que ya no amamos a la persona. No es eso... sino que el objeto de nuestro amor estaba mal dirigido. Este químico se activa no solo con las muestras de cariño sino también con el interés y la cercanía. Por esa razón el ser humano tiene la capacidad de enamorarse más de una vez y de diferentes personas.

Por esta razón muchos confunden el enamoramiento con el verdadero amor. En la primera Carta del Apóstol Pablo a los Corintios, en el capitulo 13 se describe al verdadero amor. El amor verdadero nunca deja de ser. No depende de las circunstancias, ni las sensaciones, ni de las emociones. El amor verdadero es una decisión.

El amor erótico y romántico tiene una vida limitada. Tarde o temprano se extingue. Y si una pareja basa sus emociones solamente en este tipo de amor, su relación fracasará. Cuando una pareja lo que siente es enamoramiento, la relación se convierte en una obsesión e incluso en un tormento.

No se case con la persona de la cual crea estar enamorado. Enamórese de la persona con la que decida casarse y con quien quiera pasar el resto de sus días.

Aprenda con respecto a los diferentes tipos de amor, no se confunda ni tome decisiones basadas en sus sentimientos solamente. *(más sobre el tema a partir de la página 19 en adelante)*

¿A qué se debe la expresión: "el amor es ciego"?

La gente que se enamora disminuye los niveles de la hormona serotonina. Por eso es tan fácil sentirse obsesionado cuando uno se enamora, pues los niveles de serotonina bajan, causando obsesión. Pero también se aumenta la producción de cortisol, la hormona del estrés causando: hipertensión y pérdida potencial del sueño. Y para empeorar la situación, el recorrido de los nervios que controlan el juicio social es suprimido. Todo esto explica la frase "el amor es ciego".

Mi novio es muy agresivo y hasta ha intentado levantarme la mano cuando está enojado, pero luego me pide perdón y me pide que ore por el. ¿Qué hago?

Según estadísticas, casi el 80% de las muchachas que han sido abusadas físicamente en sus relaciones íntimas continúan con su abusador. La Biblia dice que somos el templo del Espíritu de Dios y que debemos cuidarlo, por lo que no debemos permitir que alguien nos maltrate.

Y si en una relación de noviazgo existe el maltrato, de seguro se extenderá y empeorará la situación una vez que estén casados.

Existe el maltrato verbal, emocional y físico. No hay que permitir ninguno de ellos. Lo mejor que usted puede hacer es romper con esa relación enfermiza, pues puede degenerar en codependencia.

¿Prohíbe la Biblia el abuso físico y verbal?
Colosenses 3:19 dice: "maridos amen a sus mujeres como a sus propios cuerpos y no sean amargos con ellas." También la Biblia prohíbe el incesto en Levítico 18:6, "Ningún varón se llegue a parienta próxima alguna, para descubrir su desnudez". "Porque nadie aborreció jamás a su propia carne, sino que la sustenta y la cuida, como también Cristo a la iglesia." Efesios 5:29

¿Qué dice el Nuevo Testamento del re-casamiento? Conocí a una muchacha divorciada pero mi deseo es hacer la voluntad de Dios.

En el Nuevo Testamento hay varios pasajes que hacen referencia al volver a casarse, bajo ciertas situaciones:

Viudas y viudos. Para tales personas el casamiento ni se manda, ni se prohíbe. Se acepta como un privilegio y es un asunto de sabiduría y conveniencia humanas (Ro. 7:1-14; 1 Co. 7:6-9).

Personas divorciadas por causa de fornicación o deserción irresponsable. En esto la Biblia guarda silencio. El re-casamiento no se manda ni se prohíbe. En las palabras de Cristo en Mateo 5:32 y 19:1-9 no hay nada que prohíba que personas, divorciadas por causa de PORNEIA, vuelvan a casarse. Pero solo por esta causal. Esto es un asunto de conciencia personal delante de Dios y de la sociedad.

Los que fueron divorciados por causas que no sean las de fornicación y deserción.: El divorcio viola el orden de la creación de Dios (Mc. 10:6-9). Constituye una transgresión de una ley básica de Dios, quebranta una institución divina y destruye un ideal divino. Luego, como lo enseña Cristo, llega muy fácilmente a ser causa de adulterio (Mt. 5:32b). La misma actitud y veredicto son expresados por Pablo en 1 Corintios 7:10-11. Lamentablemente, El re-casamiento de los que han sido divorciados por otras causas, que no sean las de PORNEIA y deserción, constituye adulterio. el re-casamiento de dos personas divorciadas ilegítimamente es llamado "adulterio".

Para más información sobre alguno de estos temas, puede visitarnos en nuestra Red Matrimonial: De pareja a pareja: www.deparejaapareja.org

Bibliografía

Bailey, Nathan Edward Bagby Pollard.. *the dowry* © Copyright 1997-2000

Benner, Jeff A. *Lenguaje de Hebreo Bíblico Antiguo de la Biblia*

Biblia Reina-Valera revisión 1995 Study edition. United Biblical Society (Spanish version)

Bill Risk , *The ultimate wedding*

Britannica Encyclopedia, INC 1997

De Urbina, José M Pabón S. *Diccionario Griego clásico* – español 19va Edicion, 2006

La Cueva, Francisco. *Nuevo Testamento Interlineal Español-griego* Editorial CLIE, 1984

Liddell, Henry George. Robert Scott. A *Greek-English Lexicon.* revised and augmented throughout by. Sir Henry Stuart Jones. with the assistance of. Roderick McKenzie. Oxford. Clarendon Press. 1940.

Pabón de Urbina, José *Greek-Hebrew-Spanish-English Manual Dictionary* VOX 1991

Paiva Parraguez, Jorge. *Monografía sobre la Personalidad*

Strong, James, Strong's Dictionary *Complete Dictionary- Strong Bible Words* LL.D SS.T.D 1996

Para mayor información con respecto
al Ministerio
Libres en Cristo Internacional
(Free in Christ Ministries International)

por favor póngase en contacto con :
Jorge y Lorena Gamboa
"de pareja a pareja"
www.deparejaapareja.com

Para invitaciones a actividades de matrimonios
y de familia por favor comuníquese al:
713-469-5920

O escribanos a:
deparejaapareja@yahoo.com